आपके भीतर का पर्वत

आत्म-विनाशकारी आदतों को आत्म-निपुणता में बदलने की एक व्यावहारिक मार्गदर्शिका

लेखक: अशरफ़ अली

कॉपीराइट

ISBN: 978-93-6038-256-8

प्रकाशक: A.A. Mind Growth Books

यह पुस्तक केवल शैक्षिक और प्रेरणात्मक उद्देश्यों के लिए लिखी गई है। यद्यपि इसमें दी गई जानकारी की सटीकता सुनिश्चित करने के लिए हर संभव प्रयास किया गया है, फिर भी लेखक किसी विशेष परिणाम की गारंटी नहीं देता। प्रत्येक व्यक्ति के परिणाम उसके व्यक्तिगत प्रयास, परिस्थितियों और निरंतरता के आधार पर भिन्न हो सकते हैं। पाठक अपने कार्यों, निर्णयों और परिणामों के लिए स्वयं उत्तरदायी है।

अस्वीकरण

इस पुस्तक की सामग्री लेखक के व्यक्तिगत अनुभवों, शोध और अवलोकनों पर आधारित है। यह किसी भी प्रकार की पेशेवर सलाह नहीं है, जिसमें चिकित्सा, कानूनी, वित्तीय या मनोवैज्ञानिक सलाह सहित अन्य प्रकार की सलाह शामिल है, परंतु इन्हीं तक सीमित नहीं है। आवश्यकता पड़ने पर पाठकों को योग्य विशेषज्ञों से परामर्श लेने के लिए प्रोत्साहित किया जाता है।

इस पुस्तक में वास्तविक व्यक्तियों, सार्वजनिक हस्तियों या वास्तविक जीवन की घटनाओं का उल्लेख केवल शैक्षिक और प्रेरणात्मक उद्देश्यों के लिए किया गया है। ऐसे संदर्भ सार्वजनिक रूप से उपलब्ध स्रोतों, जैसे साक्षात्कारों, जीवनियों और सार्वजनिक अभिलेखों पर आधारित हैं। लेखक किसी भी उल्लेखित व्यक्ति के साथ व्यक्तिगत संबंध, समर्थन या प्रत्यक्ष जुड़ाव का दावा नहीं करता।

इस पुस्तक में व्यक्त सभी विचार केवल लेखक के हैं और उनका उद्देश्य पाठकों को **आत्मचिंतन, सीखने तथा व्यक्तिगत विकास** के लिए प्रेरित करना है।

लेखक की ओर से

इस पुस्तक को लिखना मेरे लिए केवल एक रचनात्मक परियोजना नहीं था—यह एक व्यक्तिगत यात्रा भी थी।

बहुत से लोगों की तरह मैंने भी आत्म-संदेह, भय, टालमटोल और अनिश्चितता के क्षणों का अनुभव किया है। मैं जानता हूँ कि विकास की इच्छा रखते हुए भी मन के भीतर मौजूद अदृश्य पैटर्नों में फँसा हुआ महसूस करना कैसा होता है। समय के साथ मुझे यह समझ आने लगा कि हमारे जीवन की सबसे बड़ी लड़ाइयों में से कई बाहरी नहीं होतीं। वे हमारे भीतर, चुपचाप चलती रहती हैं।

यह पुस्तक उन आंतरिक संघर्षों को समझने और खोजने के उद्देश्य से लिखी गई है।

मेरा उद्देश्य केवल कुछ क्षणों के लिए प्रेरणा देना नहीं था, बल्कि ऐसे विचार प्रस्तुत करना था जो दीर्घकालिक आत्मचिंतन, अनुशासन और व्यक्तिगत परिवर्तन को प्रोत्साहित करें। इस पुस्तक का प्रत्येक अध्याय पाठकों को स्वयं को बेहतर ढंग से समझने, सीमित करने वाली मान्यताओं को चुनौती देने और भय तथा आरामदायक सीमाओं से आगे बढ़ने का साहस विकसित करने में सहायता करने के लिए तैयार किया गया है।

इस पुस्तक में दिए गए विचार व्यक्तिगत अवलोकनों, शोध, जीवन-अनुभवों तथा आत्म-जागरूकता और आत्म-निपुणता के कालातीत सिद्धांतों से प्रेरित हैं। यद्यपि कोई भी एक पुस्तक रातोंरात किसी का

जीवन नहीं बदल सकती, फिर भी मेरा दृढ़ विश्वास है कि सोचने के तरीके और दैनिक आदतों में छोटे-छोटे परिवर्तन समय के साथ असाधारण बदलाव ला सकते हैं।

जब आप इन पृष्ठों को पढ़ें, तो मैं आपको इस यात्रा को जल्दबाज़ी में पूरा करने के बजाय उसे महसूस करने के लिए प्रोत्साहित करता हूँ। रुकिए। चिंतन कीजिए। अभ्यासों को पूरा कीजिए। स्वयं के प्रति ईमानदार रहिए। वास्तविक परिवर्तन तब शुरू होता है जब जागरूकता कार्य में बदल जाती है।

सबसे महत्वपूर्ण बात, यह याद रखिए:

आप अपनी पिछली गलतियों, अपने भय या अपनी वर्तमान सीमाओं से परिभाषित नहीं होते। विकास हमेशा संभव है। परिवर्तन हमेशा संभव है। और जिस शक्ति की आप तलाश कर रहे हैं, वह शायद पहले से ही आपके भीतर मौजूद है।

इस पुस्तक को अपनी यात्रा का एक हिस्सा बनाने के लिए आपका धन्यवाद।

मैं सच्चे मन से आशा करता हूँ कि यह पुस्तक आपको अपने भीतर के पर्वत पर विजय पाने और उस व्यक्ति को खोजने में सहायता करेगी, जो बनने की क्षमता आपके भीतर पहले से मौजूद है।

— अशरफ़ अली

विषय-सूची

परिचय

भीतर का संघर्ष

हर इंसान के भीतर एक मौन संघर्ष चल रहा होता है।

यह दुनिया के खिलाफ लड़ाई नहीं है।

यह अन्य लोगों के खिलाफ लड़ाई नहीं है।

यह हमारे अपने भीतर चलने वाली लड़ाई है।

आपने कभी जो भी सपना देखा है, आपने जो भी लक्ष्य निर्धारित किया है, और जिस जीवन को जीने की आप आशा करते हैं, वे सभी इस संघर्ष के एक पक्ष में खड़े हैं।

और दूसरे पक्ष में खड़ी है एक ऐसी शक्ति, जो किसी भी बाहरी बाधा से कहीं अधिक प्रभावशाली है—

आपका अपना मन।

बहुत से लोग मानते हैं कि उनकी सबसे बड़ी समस्याएँ उनके बाहर हैं।

वे परिस्थितियों को दोष देते हैं।

वे संसाधनों की कमी को दोष देते हैं।

वे दूसरे लोगों को दोष देते हैं।

वे खराब किस्मत को दोष देते हैं।

लेकिन सच्चाई अक्सर इससे कहीं अधिक गहरी और कहीं अधिक असहज होती है।

अधिकांश लोगों के जीवन की सबसे बड़ी बाधा वह होती है जिसे वे अपने भीतर लेकर चलते हैं।

आत्म-संदेह।

भय।

टालमटोल।

अत्यधिक सोच।

नकारात्मक मान्यताएँ।

ये अदृश्य शक्तियाँ हर दिन हमारे निर्णयों को चुपचाप प्रभावित करती हैं।

वे हमें प्रयास न करने के लिए प्रेरित करती हैं।

वे हमारे कानों में फुसफुसाती हैं कि हम पर्याप्त अच्छे नहीं हैं।

वे हमें विकास के बजाय आरामदायक स्थिति में बने रहने के लिए मनाती हैं।

और बिना एहसास किए, हम धीरे-धीरे अपने ही जीवन को नुकसान पहुँचाने लगते हैं।

इसे ही **आत्म-विनाश (**Self-Sabotage) कहा जाता है।

आत्म-विनाश हमेशा नाटकीय रूप में दिखाई नहीं देता।

यह ज़ोर-शोर से अपनी उपस्थिति दर्ज नहीं कराता।

यह छोटे-छोटे क्षणों में प्रकट होता है।

वह क्षण जब आप किसी महत्वपूर्ण कार्य को शुरू करने में देरी करते हैं।

वह क्षण जब आप बहुत जल्दी हार मान लेते हैं।

वह क्षण जब आप स्वयं से कहते हैं कि आप "कल" फिर से प्रयास करेंगे।

वह क्षण जब आप प्रगति के बजाय आराम को चुनते हैं।

ये क्षण भले ही छोटे लगें, लेकिन समय के साथ यही हमारे पूरे भविष्य को आकार देते हैं।

बहुत से लोग वर्षों तक यह सोचते रहते हैं कि वे आगे क्यों नहीं बढ़ पा रहे हैं।

वे कड़ी मेहनत करते हैं।

वे बड़े सपने देखते हैं।

वे सफलता चाहते हैं।

फिर भी, कुछ न कुछ हमेशा उन्हें पीछे खींचता हुआ प्रतीत होता है।

ऐसा लगता है जैसे आप एक पर्वत पर चढ़ने की कोशिश कर रहे हों और आपके कंधों पर कोई अदृश्य बोझ हो।

कदम-दर-कदम यह चढ़ाई थका देने वाली हो जाती है।

अंततः बहुत से लोग प्रयास करना ही छोड़ देते हैं।

वे एक साधारण जीवन को स्वीकार कर लेते हैं, इसलिए नहीं कि वे ऐसा चाहते थे, बल्कि इसलिए कि उन्हें विश्वास हो जाता है कि वे इससे अधिक हासिल नहीं कर सकते।

लेकिन यहाँ एक ऐसी सच्चाई है जो सब कुछ बदल सकती है।

आपके रास्ते में खड़ा पर्वत आपको नष्ट करने के लिए नहीं है।

वह आपको आपके वास्तविक स्वरूप से परिचित कराने के लिए है।

आपके भय बताते हैं कि आपके लिए वास्तव में क्या महत्वपूर्ण है।

आपके संघर्ष आपकी शक्ति को उजागर करते हैं।

आपकी चुनौतियाँ उस व्यक्ति को सामने लाती हैं, जो बनने की क्षमता आपके भीतर मौजूद है।

हर बाधा के भीतर परिवर्तन का एक अवसर छिपा होता है।

यह पुस्तक आपके भीतर मौजूद उस पर्वत को समझने के बारे में है।

यह जानने के बारे में है कि हम स्वयं को नुकसान क्यों पहुँचाते हैं और उन पैटर्नों से कैसे मुक्त हो सकते हैं जो हमें एक ही जगह पर रोके रखते हैं।

यह भय को साहस में बदलने के बारे में है।

भ्रम को स्पष्टता में बदलने के बारे में है।

कमज़ोरी को शक्ति में बदलने के बारे में है।

लेकिन सबसे महत्वपूर्ण बात यह है कि यह उस व्यक्ति में बदलने के बारे में है, जो बनने की क्षमता आपके भीतर हमेशा से मौजूद रही है।

क्योंकि सच्चाई बहुत सरल है।

आप टूटे हुए नहीं हैं।

आप अक्षम नहीं हैं।

आपको हमेशा वहीं अटका रहने के लिए नहीं बनाया गया है जहाँ आप आज हैं।

आपके भीतर केवल कुछ ऐसे पैटर्न हैं जिन्हें समझने की आवश्यकता है।

कुछ आदतें हैं जिन्हें बदलने की आवश्यकता है।

कुछ मान्यताएँ हैं जिन्हें चुनौती देने की आवश्यकता है।

जैसे ही आप स्वयं को गहराई से समझना शुरू करते हैं, सब कुछ बदलने लगता है।

आप स्वयं से लड़ना बंद कर देते हैं।

आप अपने मन के विरुद्ध काम करने के बजाय उसके साथ काम करना शुरू कर देते हैं।

आप अनुशासन, स्पष्टता और आंतरिक शक्ति का निर्माण करने लगते हैं।

और धीरे-धीरे, वह पर्वत जो कभी असंभव लगता था, वही मार्ग बन जाता है जो आपको आपकी सर्वोच्च क्षमता तक पहुँचाता है।

आगे की यह यात्रा आपको चुनौती देगी।

यह आपसे आपके भय का सामना करने की अपेक्षा करेगी।

यह आपसे उन कहानियों पर प्रश्न उठाने के लिए कहेगी जिन्हें आप वर्षों से स्वयं को बताते आए हैं।

लेकिन यह आपको कुछ असाधारण भी दिखाएगी।

यह दिखाएगी कि अपने जीवन को बदलने की शक्ति हमेशा से आपके भीतर मौजूद रही है।

जिस पर्वत पर आपको चढ़ना है, वह बाहर नहीं है।

वह आपके भीतर है।

और एक बार जब आप उसके ऊपर उठना सीख लेते हैं, तब आपकी उड़ान कितनी ऊँची हो सकती है, इसकी कोई सीमा नहीं रहती।

आत्म-निपुणता (Self-Mastery) **की इस यात्रा में आपका स्वागत है।**

अध्याय 1

आपके भीतर का पर्वत

हर इंसान अपने भीतर एक पर्वत लेकर चलता है।

कुछ लोग अपना पूरा जीवन बाहरी दुनिया के पर्वतों पर चढ़ने में लगा देते हैं—सफलता, पहचान, धन या दूसरों की स्वीकृति पाने की दौड़ में।

लेकिन सबसे बड़ा पर्वत, जिसका सामना हमें करना पड़ता है, हमारे बाहर नहीं होता।

वह हमारे भीतर होता है।

वह हमारे भय, संदेह, आदतों और मान्यताओं से बना होता है।

वह एक धीमी आवाज़ है जो कहती है—

"शायद तुम इतने अच्छे नहीं हो।"

वह झिझक है जो तब पैदा होती है जब आप कोई साहसी कदम आगे बढ़ाने वाले होते हैं।

वह अदृश्य शक्ति है जो हर बार आपको पीछे खींचती है, जब भी आप अपने जीवन में कुछ बड़ा करने की ओर बढ़ते हैं।

इस पर्वत का नाम है—**आत्म-विनाश** (Self-Sabotage)।

आत्म-विनाश हमेशा स्पष्ट रूप से दिखाई नहीं देता। यह शायद ही कभी किसी नाटकीय रूप में सामने आता है।

इसके बजाय, यह हमारी रोज़मर्रा की छोटी-छोटी पसंदों में छिपा रहता है।

आप किसी महत्वपूर्ण कार्य को शुरू करने में देरी करते हैं।

जब अवसर सामने आता है, तो आप बहाने बनाने लगते हैं।

आप सक्षम होने के बावजूद अपनी क्षमताओं पर संदेह करते हैं।

आप उन लक्ष्यों को छोड़ देते हैं जो कभी आपको उत्साहित करते थे।

ये कार्य छोटे लग सकते हैं, लेकिन समय के साथ यही आपके भीतर के पर्वत को और ऊँचा बनाते जाते हैं।

आत्म-विनाश का सबसे खतरनाक पहलू यह है कि हम अक्सर इसे सामान्य मान लेते हैं।

हम स्वयं को यह विश्वास दिला देते हैं कि हम केवल "यथार्थवादी" बन रहे हैं।

हम स्वयं से कहते हैं—

"मैं अभी तैयार नहीं हूँ।"

"मैं तब शुरू करूँगा जब सही समय आएगा।"

"अगर मैं असफल हो गया तो?"

लेकिन भीतर ही भीतर हम सच्चाई जानते हैं।

वास्तविक समस्या अवसरों की कमी नहीं है।

वास्तविक समस्या विश्वास की कमी है।

यह तर्क के रूप में छिपा हुआ भय है।

और जब तक हम अपने भीतर के इस पर्वत को पहचान नहीं लेते, तब तक हम उसके चारों ओर ही चक्कर लगाते रहेंगे।

पर्वत क्यों मौजूद है?

आपका मस्तिष्क सफलता के लिए नहीं, बल्कि जीवित रहने के लिए बनाया गया था।

हजारों वर्ष पहले मनुष्य खतरों से बचकर और सुरक्षित सीमाओं के भीतर रहकर जीवित रहते थे।

जोखिम उठाने का अर्थ भोजन, आश्रय या यहाँ तक कि जीवन खोना भी हो सकता था।

इसी कारण मस्तिष्क ने एक शक्तिशाली प्रवृत्ति विकसित की—

असुविधा से बचो।

आज भी यह प्रवृत्ति हमारे भीतर मौजूद है।

आपका मस्तिष्क अब भी अनिश्चितता को खतरे के रूप में देखता है।

कुछ नया करने की कोशिश असुविधाजनक लगती है।

अपनी बात रखना जोखिम भरा लगता है।

बड़े सपनों का पीछा करना खतरनाक महसूस होता है।

इसलिए आपका मन आपको बचाने की कोशिश करता है।

वह कहता है—रुको।

वह कहता है—जहाँ हो वहीं बने रहो।

वह कहता है—विकास के बजाय आराम चुनो।

लेकिन अक्सर यही आराम लोगों को एक ही जगह पर रोके रखता है।

विकास के लिए अनिश्चितता आवश्यक है।

प्रगति के लिए असुविधा आवश्यक है।

परिवर्तन के लिए साहस आवश्यक है।

यह पर्वत इसलिए मौजूद है क्योंकि मन संभावनाओं की तुलना में सुरक्षा को अधिक महत्व देता है।

लेकिन जैसे ही आप इस सत्य को समझ लेते हैं, कुछ शक्तिशाली घटित होता है।

आप अपने मन के हर विचार पर विश्वास करना बंद कर देते हैं।

आप अपने भय पर प्रश्न उठाने लगते हैं।

आप वास्तविक खतरे और काल्पनिक सीमाओं के बीच अंतर समझने लगते हैं।

और धीरे-धीरे, यह पर्वत छोटा होने लगता है।

फँसे होने का भ्रम

बहुत से लोग मानते हैं कि वे जीवन में फँस गए हैं।

उन्हें लगता है कि उनकी परिस्थितियाँ कभी नहीं बदल सकतीं।

उन्हें विश्वास हो जाता है कि उनका अतीत, उनका पारिवारिक वातावरण या उनकी क्षमताएँ उन्हें सीमित कर रही हैं।

लेकिन वास्तविकता में अधिकांश लोग फँसे हुए नहीं होते।

वे केवल उन पैटर्नों से अनजान होते हैं जो उन्हें नियंत्रित कर रहे होते हैं।

पैटर्न हमारे जीवन की हर चीज़ को प्रभावित करते हैं।

हम कैसे सोचते हैं।

हम कैसी प्रतिक्रिया देते हैं।

हम निर्णय कैसे लेते हैं।

यदि कोई व्यक्ति बार-बार महत्वपूर्ण कार्यों को टालता है, तो वह एक पैटर्न बन जाता है।

यदि कोई लगातार स्वयं पर संदेह करता है, तो वह एक पैटर्न बन जाता है।

यदि कोई चुनौतियों से बचता है, तो वह भी एक पैटर्न बन जाता है।

समय के साथ ये पैटर्न हमारी पहचान का हिस्सा बन जाते हैं।

फिर हम स्वयं के बारे में ऐसी बातें कहने लगते हैं—

"मैं आत्मविश्वासी नहीं हूँ।"

"मैं अनुशासित नहीं हूँ।"

"मैं उन लोगों में से नहीं हूँ जो सफल होते हैं।"

लेकिन ये सच्चाइयाँ नहीं हैं।

ये केवल ऐसी आदतें हैं जिन्हें बार-बार दोहराया गया है, इसलिए वे स्थायी प्रतीत होती हैं।

जिस क्षण आपको यह एहसास हो जाता है कि आपकी पहचान पैटर्नों से बनी है, उसी क्षण आपके पास उसे बदलने की शक्ति आ जाती है।

क्योंकि पैटर्न तोड़े जा सकते हैं।

और नए पैटर्न बनाए जा सकते हैं।

आत्म-निपुणता की ओर पहला कदम

अपने भीतर के पर्वत पर चढ़ने का पहला कदम है—**जागरूकता।**

अधिकांश लोग अपना जीवन ऑटो-पायलट मोड में जीते हैं।

वे चिंतन करने के बजाय केवल प्रतिक्रिया देते हैं।

वे अपनी आदतों का पालन करते रहते हैं, बिना उन्हें प्रश्न किए।

लेकिन जिस क्षण आप अपने विचारों और कार्यों का निरीक्षण करना शुरू करते हैं, सब कुछ बदलने लगता है।

आप नोटिस करने लगते हैं कि कब भय आपके निर्णयों को नियंत्रित कर रहा है।

आप नोटिस करने लगते हैं कि कब टालमटोल सामने आ रही है।

आप पहचानने लगते हैं कि कब आपका मन आपको छोटा बनाए रखने की कोशिश कर रहा है।

यह जागरूकता अत्यंत शक्तिशाली है।

क्योंकि आप उस चीज़ को नहीं बदल सकते जिसे आप देख ही नहीं सकते।

लेकिन जैसे ही आप उसे स्पष्ट रूप से देख लेते हैं, परिवर्तन शुरू हो सकता है।

आत्म-निपुणता रातोंरात प्राप्त नहीं होती।

यह हर दिन दोहराए गए जागरूकता के छोटे-छोटे क्षणों से बनती है।

हर वह क्षण जब आप आराम के बजाय साहस चुनते हैं।

हर वह क्षण जब आप भय के बावजूद कार्य करते हैं।

हर वह क्षण जब आप अपने निर्णयों की जिम्मेदारी लेते हैं।

ये छोटे-छोटे क्षण धीरे-धीरे आपके व्यक्तित्व को नया आकार देते हैं।

और कुछ समय बाद, वह पर्वत जो कभी असंभव लगता था, चढ़ने योग्य प्रतीत होने लगता है।

इसलिए नहीं कि पर्वत गायब हो गया।

बल्कि इसलिए कि **आप अधिक मजबूत हो गए।**

अध्याय 1 की गतिविधियाँ

गतिविधि 1: अपने पर्वत की पहचान करें

कुछ समय निकालकर ईमानदारी से विचार करें।

अभी आपके जीवन की सबसे बड़ी बाधाएँ क्या हैं?

स्वयं से पूछें:

• कौन-सा भय मुझे सबसे अधिक पीछे रोकता है?

• कौन-सी आदत बार-बार मेरी प्रगति रोक देती है?

• कौन-सा लक्ष्य है जिसे मैं लगातार टाल रहा हूँ?

अपने उत्तर स्पष्ट रूप से लिखिए।

पर्वत को नाम देना, उस पर चढ़ने का पहला कदम है।

गतिविधि 2: आत्म-विनाश पर चिंतन

उस समय के बारे में सोचिए जब आपने स्वयं को कोई महत्वपूर्ण कार्य करने से रोक दिया था।

स्वयं से पूछिए:

• मेरे मन में कौन-से विचार आए थे?

• मैंने कौन-सी भावनाएँ महसूस की थीं?

• उन विचारों के कारण मैंने कौन-सा निर्णय लिया?

अपने पैटर्न को समझना उन्हें तोड़ने की दिशा में पहला कदम है।

गतिविधि 3: जागरूकता अभ्यास

अगले तीन दिनों तक अपने विचारों का सावधानीपूर्वक निरीक्षण करें।

हर बार जब आप देखें:

• आत्म-संदेह

• टालमटोल

• प्रयास करने का भय

उसे लिख लें।

स्वयं का मूल्यांकन या आलोचना न करें।

केवल निरीक्षण करें।

जागरूकता ही परिवर्तन की शुरुआत है।

अध्याय चिंतन

आपके भीतर का पर्वत आपका शत्रु नहीं है।

वह एक दर्पण है।

वह आपको दिखाता है कि भय कहाँ रहता है।

वह आपको दिखाता है कि विकास कहाँ आपका इंतज़ार कर रहा है।

और जब आप उस पर कदम-दर-कदम चढ़ना शुरू करते हैं, तब आप कुछ असाधारण खोजते हैं।

उस पर्वत की चोटी पर खड़ा व्यक्ति...

वही व्यक्ति है...

जो बनने के लिए आप हमेशा से बने थे।

अध्याय 2

आत्म-विनाश को समझना

अधिकांश लोग मानते हैं कि जब वे अपने लक्ष्यों तक पहुँचने में असफल होते हैं, तो इसके लिए उनके बाहर की कोई चीज़ जिम्मेदार होती है।

वे समय को दोष देते हैं।

वे परिस्थितियों को दोष देते हैं।

वे दूसरे लोगों को दोष देते हैं।

वे खराब किस्मत को दोष देते हैं।

लेकिन यदि हम ईमानदारी से अपने जीवन को देखें, तो अक्सर हमें एक गहरी सच्चाई दिखाई देती है।

हमारे सामने आने वाली कई बाधाएँ हमारे आसपास की दुनिया द्वारा नहीं बनाई जातीं।

वे हमारे भीतर मौजूद पैटर्नों द्वारा बनाई जाती हैं।

यही वह शांत लेकिन शक्तिशाली शक्ति है जिसे **आत्म-विनाश (Self-Sabotage)** कहा जाता है।

आत्म-विनाश तब होता है जब आपके कार्य, आदतें या निर्णय आपको वह हासिल करने से रोकते हैं जो आप वास्तव में चाहते हैं।

यह वह अजीब स्थिति है जब कोई व्यक्ति सफलता का सपना देखता है, लेकिन ऐसे व्यवहार करता है जो उसे असफलता की ओर ले जाते हैं।

यह वह क्षण है जब कोई व्यक्ति विकास करना चाहता है, फिर भी बार-बार आराम को चुनता है।

यह तब होता है जब कोई व्यक्ति जानता है कि उसे क्या करना चाहिए, लेकिन फिर भी उसका उल्टा करता है।

यह विरोधाभास बहुत से लोगों को भ्रमित करता है।

कोई व्यक्ति अपनी ही प्रगति को क्यों रोकेगा?

कोई अपनी ही खुशी को क्यों नष्ट करेगा?

इसका उत्तर आलस्य या प्रेरणा की कमी से कहीं अधिक गहरा है।

आत्म-विनाश अक्सर मन द्वारा बनाया गया एक सुरक्षा तंत्र होता है।

आपका मन आपको भावनात्मक पीड़ा से बचाने की कोशिश करता है।

वह आपको अस्वीकृति, शर्मिंदगी, असफलता और अनिश्चितता से बचाना चाहता है।

लेकिन कभी-कभी यही सुरक्षा एक जेल बन जाती है।

आपकी रक्षा करने के बजाय, यह आपको एक ही जगह पर रोके रखती है।

आत्म-विनाश के पीछे छिपा भय

आत्म-विनाश के मूल में भय होता है।

हमेशा स्पष्ट दिखाई देने वाला भय नहीं।

अक्सर एक शांत, छिपा हुआ भय।

असफलता का भय।

आलोचना का भय।

अस्वीकृति का भय।

पर्याप्त अच्छा न होने का भय।

लेकिन एक और भय भी है जिसके बारे में बहुत कम लोग बात करते हैं।

सफलता का भय।

सफलता परिवर्तन लाती है।

सफलता जिम्मेदारी लाती है।

सफलता लोगों का ध्यान आकर्षित करती है।

जब जीवन बदलता है, तो अपेक्षाएँ भी बढ़ जाती हैं।

कुछ लोग अनजाने में सफलता से बचते हैं क्योंकि वे उसके साथ आने वाले दबाव से डरते हैं।

इसलिए मन बच निकलने के सूक्ष्म तरीके खोज लेता है।

टालमटोल।

अत्यधिक सोच।

पूर्णतावाद।

ध्यान भटकाना।

ये व्यवहार उस समय हानिरहित लगते हैं।

लेकिन समय के साथ वे चुपचाप आपकी प्रगति को नष्ट कर देते हैं।

वे पैटर्न जो लोगों को रोके रखते हैं

आत्म-विनाश शायद ही कभी केवल एक बार होता है।

यह बार-बार होता है।

क्योंकि यह पैटर्न बना लेता है।

पैटर्न विचारों और व्यवहारों की ऐसी आदतें हैं जो समय के साथ दोहराई जाती हैं।

जितनी अधिक बार वे दोहराई जाती हैं, उतनी ही मजबूत हो जाती हैं।

आइए आत्म-विनाश के कुछ सबसे सामान्य पैटर्नों को समझें।

1. टालमटोल (Procrastination)

टालमटोल आत्म-विनाश के सबसे सामान्य रूपों में से एक है।

लोग कामों को इसलिए नहीं टालते क्योंकि वे आलसी हैं, बल्कि इसलिए कि वे असुविधा महसूस करते हैं।

किसी महत्वपूर्ण कार्य को शुरू करना दबाव पैदा करता है।

यह असफल होने की संभावना पैदा करता है।

इसलिए मन अस्थायी राहत चुनता है।

"मैं इसे बाद में करूँगा।"

लेकिन "बाद में" कल बन जाता है।

कल अगले सप्ताह बन जाता है।

और प्रगति गायब हो जाती है।

2. पूर्णतावाद (Perfectionism)

पहली नज़र में पूर्णतावाद सकारात्मक लगता है।

लेकिन अक्सर इसके पीछे भय छिपा होता है।

जो लोग पूर्णता का इंतज़ार करते हैं, वे शायद ही कभी शुरुआत कर पाते हैं।

वे तैयारी में बहुत अधिक समय बिताते हैं।

योजनाएँ बनाने में बहुत अधिक समय बिताते हैं।

गलतियों की चिंता में बहुत अधिक समय गंवाते हैं।

लेकिन विकास कभी भी पूर्ण परिस्थितियों में नहीं होता।

विकास कार्य करने से होता है।

3. नकारात्मक आत्म-वार्ता (Negative Self-Talk)

आप स्वयं से जो बातें करते हैं, वे आपकी पहचान को आकार देती हैं।

बहुत से लोगों के भीतर एक ऐसी आवाज़ होती है जो लगातार उनकी आलोचना करती रहती है।

"तुम पर्याप्त बुद्धिमान नहीं हो।"

"तुम असफल हो जाओगे।"

"तुम यह नहीं कर सकते।"

समय के साथ ये विचार विश्वास बन जाते हैं।

और विश्वास हमारे व्यवहार को आकार देते हैं।

यदि आपको विश्वास है कि आप असफल होंगे, तो आप प्रयास करना बंद कर देंगे।

यदि आपको विश्वास है कि आप सक्षम नहीं हैं, तो आप चुनौतियों से बचेंगे।

इसी प्रकार आत्म-विनाश एक चक्र बन जाता है।

आत्म-विनाश की भावनात्मक जड़ें

हर आत्म-विनाशकारी आदत के पीछे एक भावनात्मक कारण छिपा होता है।

अक्सर ये कारण हमारे पिछले अनुभवों से आते हैं।

जिस व्यक्ति ने लगातार आलोचना झेली हो, वह दूसरों के निर्णयों से डर सकता है।

जिस व्यक्ति ने असफलता का अनुभव किया हो, वह दोबारा प्रयास करने से डर सकता है।

जिस व्यक्ति को अनदेखा किया गया हो, वह लोगों के सामने आने से डर सकता है।

मन इन अनुभवों को याद रखता है और उसी पीड़ा को दोबारा महसूस करने से बचने की कोशिश करता है।

लेकिन दर्द से बचना, विकास से बचना भी है।

वास्तविक प्रगति तब शुरू होती है जब हम असुविधा से भागना बंद कर देते हैं और उससे सीखना शुरू करते हैं।

जागरूकता सब कुछ बदल देती है

आत्म-विनाश के विरुद्ध सबसे शक्तिशाली हथियार है—
जागरूकता।

जब आप अपने पैटर्नों के प्रति जागरूक हो जाते हैं, तो वे अपनी शक्ति खोने लगते हैं।

आप पहचानने लगते हैं कि भय कब सामने आता है।

आप समझने लगते हैं कि टालमटोल वास्तव में आपको "बचाने" की कोशिश कर रही है।

आप देख पाते हैं कि आपका मन कब बहाने बना रहा है।

यह जागरूकता आपको एक विकल्प देती है।

स्वचालित रूप से प्रतिक्रिया देने के बजाय, आप सोच-समझकर उत्तर दे सकते हैं।

पुराने पैटर्न दोहराने के बजाय, आप नए पैटर्न बना सकते हैं।

आत्म-निपुणता की शुरुआत इसी सरल परिवर्तन से होती है—

अचेतन व्यवहार से सचेत निर्णय तक।

जिस क्षण आप अपने मन का निरीक्षण करना शुरू करते हैं, उसी क्षण आप अपने जीवन पर नियंत्रण वापस लेना शुरू कर देते हैं।

अध्याय 2 की गतिविधियाँ

गतिविधि 1: अपने आत्म-विनाशकारी पैटर्न की खोज करें

कुछ मिनट निकालकर अपने जीवन पर विचार करें।

ईमानदारी से इन प्रश्नों के उत्तर दें:

• कौन-सा लक्ष्य है जिसे मैं सबसे अधिक समय से टाल रहा हूँ?

• मैं आमतौर पर कौन-से बहाने बनाता हूँ?

• जब मैं शुरुआत करने के बारे में सोचता हूँ, तो कौन-सी भावना महसूस करता हूँ?

अपने उत्तर विस्तार से लिखिए।

यह आपको अपने व्यक्तिगत आत्म-विनाशकारी पैटर्न को पहचानने में मदद करेगा।

गतिविधि 2: भय पहचानने का अभ्यास

आत्म-विनाश के कई रूप भय से संचालित होते हैं।

स्वयं से पूछिए:

- यदि मैं सफल हो गया, तो मुझे किस बात का डर है?
- यदि मैं असफल हो गया, तो मुझे किस बात का डर है?
- दूसरों के किस निर्णय या आलोचना से मैं सबसे अधिक डरता हूँ?

अपने उत्तर बिना किसी झिझक के लिखिए।

अपने भय को समझना उनके प्रभाव को कमजोर कर देता है।

गतिविधि 3: विचार-जागरूकता अभ्यास

अगले पाँच दिनों तक अपने विचारों पर ध्यान दें।

जब भी आप कोई नकारात्मक विचार देखें, जैसे—

• "मैं यह नहीं कर सकता।"

• "मैं असफल हो जाऊँगा।"

• "मैं अभी तैयार नहीं हूँ।"

उसे लिख लें।

फिर उसके सामने एक संतुलित विचार लिखें, जैसे—

"मुझे कठिनाई हो सकती है, लेकिन मैं सीख सकता हूँ।"

"मैं अभ्यास के साथ बेहतर हो सकता हूँ।"

"मैं पूर्ण न होने पर भी शुरुआत कर सकता हूँ।"

यह सरल अभ्यास धीरे-धीरे आपकी सोच को नया रूप देना शुरू कर देगा।

अध्याय चिंतन

आत्म-विनाश इस बात का प्रमाण नहीं है कि आप कमजोर हैं।

यह इस बात का प्रमाण है कि आपका मन लंबे समय से आपकी रक्षा करने की कोशिश कर रहा है।

लेकिन विकास के बिना सुरक्षा, एक सीमा बन जाती है।

जब आप अपने भय, अपने पैटर्न और अपने विचारों को समझना शुरू करते हैं, तो कुछ शक्तिशाली घटित होता है।

वे व्यवहार जो कभी आपको नियंत्रित करते थे, अपनी पकड़ खोने लगते हैं।

और वह व्यक्ति जो कभी स्वयं अपने रास्ते में खड़ा था, अब स्पष्टता और साहस के साथ आगे बढ़ने लगता है।

आत्म-विनाश को समझना यात्रा का अंत नहीं है।

यह स्वतंत्रता की शुरुआत है।

अध्याय 3

आपका मन आपके विरुद्ध क्यों काम करता है

क्या आपने कभी स्वयं से वादा किया है कि आप अपने जीवन में कुछ बदलेंगे?

आपने निर्णय लिया कि आप सुबह जल्दी उठेंगे।

आपने निर्णय लिया कि आप टालमटोल करना बंद कर देंगे।

आपने निर्णय लिया कि आप अपने लक्ष्यों पर अधिक मेहनत करेंगे।

उस क्षण सब कुछ स्पष्ट लग रहा था।

आप प्रेरित महसूस कर रहे थे।

आप दृढ़ निश्चयी थे।

लेकिन कुछ दिनों बाद कुछ अजीब हुआ।

आपकी प्रेरणा कम हो गई।

आपकी ऊर्जा गायब हो गई।

आप फिर उन्हीं आदतों में लौट आए जिन्हें आप बदलना चाहते थे।

और एक बार फिर आप स्वयं से निराश हो गए।

बहुत से लोग इसे अपनी कमजोरी समझते हैं।

उन्हें लगता है कि उनमें अनुशासन की कमी है।

उन्हें लगता है कि उनके भीतर कोई समस्या है।

लेकिन सच्चाई इससे कहीं अधिक रोचक है।

आपका मन टूटा हुआ नहीं है।

आपका मन केवल वही कर रहा है जिसके लिए उसे बनाया गया है।

आपका मस्तिष्क सफलता के लिए नहीं बनाया गया था।

उसे जीवित रहने के लिए बनाया गया था।

इस सत्य को समझना आपके स्वयं को देखने का तरीका हमेशा के लिए बदल सकता है।

मस्तिष्क की पहली प्राथमिकता: जीवित रहना

हजारों वर्ष पहले मनुष्य खतरनाक वातावरण में रहते थे।

हर दिन अनिश्चित था।

भोजन सीमित था।

चारों ओर शिकारी जानवर मौजूद थे।

जीवित रहना जोखिमों से बचने पर निर्भर करता था।

इसी कारण मानव मस्तिष्क ने एक शक्तिशाली प्रवृत्ति विकसित की।

वह लगातार खतरों की तलाश करता रहता है।

कोई भी अपरिचित या अनिश्चित स्थिति चेतावनी का संकेत उत्पन्न कर सकती है।

आज भी आपका मस्तिष्क उसी प्राचीन जीवित रहने वाली प्रणाली को अपने भीतर लिए हुए है।

लेकिन समस्या यह है कि दुनिया बदल चुकी है।

अब हम जंगलों में नहीं रहते जहाँ चारों ओर शिकारी जानवर हों।

फिर भी हमारा मस्तिष्क उसी प्रकार प्रतिक्रिया करता है जैसे हम अभी भी वहाँ रहते हों।

आज "खतरा" कोई जंगली जानवर नहीं है।

यह हो सकता है:

• लोगों के सामने बोलना

• कोई व्यवसाय शुरू करना

• अपने विचार साझा करना

• कुछ नया प्रयास करना

आपका मस्तिष्क इन परिस्थितियों को खतरे के रूप में देखता है।

और जब मस्तिष्क खतरा महसूस करता है, तो वह आपकी रक्षा करने की कोशिश करता है।

वह आपको फिर से आरामदायक स्थिति की ओर धकेल देता है।

कम्फर्ट ज़ोन का जाल

आपका कम्फर्ट ज़ोन कोई स्थान नहीं है।

यह एक मानसिक सीमा है।

इस सीमा के भीतर सब कुछ परिचित और अनुमानित लगता है।

यहीं आपका मस्तिष्क स्वयं को सुरक्षित महसूस करता है।

समस्या यह है कि विकास कभी भी कम्फर्ट ज़ोन के भीतर नहीं होता।

विकास अनिश्चितता में होता है।

विकास तब होता है जब आप कुछ नया प्रयास करते हैं।

विकास तब होता है जब आप असफल होने का जोखिम उठाते हैं।

लेकिन जैसे ही आप अपने कम्फर्ट ज़ोन से बाहर कदम रखते हैं, आपका मस्तिष्क विरोध करना शुरू कर देता है।

आप महसूस करते हैं:

- भय
- चिंता
- आत्म-संदेह
- झिझक

ये भावनाएँ इस बात का संकेत नहीं हैं कि आपको रुक जाना चाहिए।

ये इस बात का संकेत हैं कि आप विकास के एक नए स्तर में प्रवेश कर रहे हैं।

दुर्भाग्यवश, बहुत से लोग इस भावना को गलत समझ लेते हैं।

वे सोचते हैं कि असुविधा का अर्थ है कि कुछ गलत हो रहा है।

इसलिए वे फिर से अपनी आरामदायक सीमा में लौट जाते हैं।

और यह चक्र चलता रहता है।

आदतों को बदलना इतना कठिन क्यों होता है?

आदतें शक्तिशाली होती हैं क्योंकि वे मस्तिष्क की ऊर्जा बचाती हैं।

आपका मस्तिष्क स्वचालित व्यवहार को पसंद करता है।

जब आप किसी कार्य को बार-बार दोहराते हैं, तो मस्तिष्क एक शॉर्टकट बना लेता है।

यह शॉर्टकट आपको बिना अधिक सोचे वह कार्य करने की अनुमति देता है।

इसीलिए दाँत साफ करना स्वाभाविक लगता है।

एक परिचित रास्ते पर गाड़ी चलाना आसान लगता है।

यही प्रक्रिया नकारात्मक आदतों के साथ भी होती है।

टालमटोल स्वचालित हो जाती है।

अत्यधिक सोच स्वचालित हो जाती है।

चुनौतियों से बचना स्वचालित हो जाता है।

ये पैटर्न मस्तिष्क में गहराई से स्थापित हो जाते हैं।

उन्हें बदलने के लिए प्रयास की आवश्यकता होती है क्योंकि आप मस्तिष्क से एक नया रास्ता बनाने के लिए कह रहे होते हैं।

शुरुआत में मस्तिष्क विरोध करता है।

वह पुराने पैटर्न को पसंद करता है क्योंकि उसमें कम ऊर्जा लगती है।

लेकिन यहाँ एक शक्तिशाली सत्य है।

मस्तिष्क बदल सकता है।

इस क्षमता को **न्यूरोप्लास्टिसिटी** (Neuroplasticity) कहा जाता है।

न्यूरोप्लास्टिसिटी का अर्थ है कि आपका मस्तिष्क नए संबंध बना सकता है और पुराने संबंधों को कमजोर कर सकता है।

हर बार जब आप कोई नया व्यवहार दोहराते हैं, तो आप एक नया मानसिक मार्ग मजबूत करते हैं।

हर बार जब आप किसी पुरानी आदत का विरोध करते हैं, तो आप पुराने मार्ग को कमजोर करते हैं।

परिवर्तन तुरंत नहीं होता।

लेकिन निरंतर अभ्यास के साथ परिवर्तन अवश्यंभावी हो जाता है।

अपने मन को पुनः प्रशिक्षित करना

यदि आपका मन वर्षों से बनी आदतों और मान्यताओं द्वारा प्रशिक्षित हुआ है, तो परिवर्तन के लिए उसे जानबूझकर पुनः प्रशिक्षित करना आवश्यक है।

यह केवल प्रेरणा से नहीं होता।

यह लगातार किए गए छोटे-छोटे कार्यों से होता है।

प्रतिदिन दोहराए गए छोटे कार्य मस्तिष्क को नया आकार देते हैं।

हर बार जब आप आराम के बजाय प्रगति को चुनते हैं, तो आप अपने मन को पुनः प्रोग्राम कर रहे होते हैं।

हर बार जब आप भय के बावजूद कार्य करते हैं, तो आप साहस को मजबूत कर रहे होते हैं।

मुख्य बात पूर्णता नहीं है।

मुख्य बात निरंतरता है।

अध्याय 3 की गतिविधियाँ

गतिविधि 1: कम्फर्ट ज़ोन मानचित्र

एक कागज़ लें और तीन वृत्त बनाइए।

उन्हें इस प्रकार नाम दें:

वृत्त 1: कम्फर्ट ज़ोन

वृत्त 2: विकास क्षेत्र (Growth Zone)

वृत्त 3: भय क्षेत्र (Fear Zone)

अब इन प्रश्नों के उत्तर दें।

कम्फर्ट ज़ोन

• मेरे जीवन में कौन-सी गतिविधियाँ आसान और परिचित लगती हैं?

विकास क्षेत्र

• कौन-से कार्य मेरे जीवन को बेहतर बना सकते हैं लेकिन थोड़ी असुविधा पैदा करते हैं?

भय क्षेत्र

• कौन-से लक्ष्य मुझे डराते भी हैं और उत्साहित भी करते हैं?

यह अभ्यास आपको दिखाएगा कि आपका वास्तविक विकास कहाँ छिपा हुआ है।

गतिविधि 2: आदत जागरूकता अभ्यास

अगले सात दिनों तक अपनी आदतों का ध्यानपूर्वक निरीक्षण करें।

हर शाम लिखें:

• एक ऐसी आदत जिसने आपकी प्रगति में सहायता की।

• एक ऐसी आदत जिसने आपकी प्रगति को धीमा किया।

सात दिनों के बाद अपने पैटर्न को देखिए।

यही जागरूकता आदतों को बदलने का पहला कदम है।

गतिविधि 3: छोटे कार्य का नियम

ऐसा एक छोटा कार्य चुनिए जो आपको आपके लक्ष्य के करीब ले जाए।

उसे बहुत सरल बनाइए।

उदाहरण के लिए:

• 10 मिनट लिखना

• 5 पृष्ठ पढ़ना

• 10 मिनट व्यायाम करना

• अपने प्रोजेक्ट पर 15 मिनट काम करना

इसे लगातार 30 दिनों तक हर दिन कीजिए।

छोटे लेकिन निरंतर कार्य लंबे समय में शक्तिशाली परिवर्तन उत्पन्न करते हैं।

गतिविधि 4: भय को नया दृष्टिकोण देने का अभ्यास

उस भय के बारे में सोचिए जो आपको लंबे समय से रोक रहा है।

इन प्रश्नों के उत्तर लिखिए:

• सबसे बुरा क्या हो सकता है?

• वास्तव में उसके होने की संभावना कितनी है?

• यदि वह हो भी जाए, तो मैं उससे कैसे निपटूँगा?

जब हम अपने भय को तर्क और स्पष्टता के साथ देखते हैं, तो अधिकांश भय अपनी शक्ति खो देते हैं।

अध्याय चिंतन

आपका मन आपका शत्रु नहीं है।

वह केवल उन पैटर्नों का पालन कर रहा है जिन्हें उसने सीखा है।

मस्तिष्क सुरक्षा को पसंद करता है।

वह आराम को पसंद करता है।

वह परिचित दिनचर्या को पसंद करता है।

लेकिन आप इन पैटर्नों के द्वारा नियंत्रित होने के लिए बाध्य नहीं हैं।

आप उन्हें बदलने की क्षमता रखते हैं।

आपका हर निर्णय आपके मस्तिष्क को एक संदेश भेजता है।

हर साहसी कार्य आपके भीतर के एक मजबूत संस्करण का निर्माण करता है।

शुरुआत में परिवर्तन का पर्वत बहुत बड़ा और कठिन लग सकता है।

लेकिन कदम-दर-कदम, कार्य-दर-कार्य, विचार-दर-विचार, आप स्वयं को बदलना शुरू कर देते हैं।

और अंततः वह मन, जो कभी विकास का विरोध करता था, वही मन आपके विकास का सबसे बड़ा समर्थक बन जाता है।

अध्याय 4

एक जैसे बने रहने का छिपा हुआ आराम

पहली नज़र में यह अजीब लगता है।

कोई व्यक्ति ऐसे जीवन में क्यों बना रहेगा जो उसे खुश नहीं करता?

कोई ऐसी आदतों में क्यों फँसा रहेगा जो उसे आगे बढ़ने से रोकती हैं?

कोई बार-बार उन पैटर्नों को क्यों दोहराएगा जो स्पष्ट रूप से उसके विकास में सहायता नहीं करते?

अधिकांश लोग मानते हैं कि यदि कोई वास्तव में बदलाव चाहता है, तो वह बस निर्णय लेगा और बदल जाएगा।

लेकिन मानव व्यवहार इतना सरल नहीं होता।

सच्चाई यह है कि लोग अक्सर इसलिए फँसे रहते हैं क्योंकि उन्हें दुख पसंद होता है, ऐसा नहीं है।

वे फँसे रहते हैं क्योंकि परिचित दर्द, अपरिचित परिवर्तन की तुलना में अधिक सुरक्षित महसूस होता है।

मन वही पसंद करता है जिसे वह पहले से जानता है।

भले ही वह चीज़ हमारे लिए अच्छी न हो।

यही है एक जैसे बने रहने का छिपा हुआ आराम।

परिचित दर्द

कल्पना कीजिए किसी ऐसे व्यक्ति की जिसने हमेशा स्वयं पर संदेह किया है।

वर्षों से वह यह मानता आया है कि वह महान उपलब्धियाँ हासिल करने में सक्षम नहीं है।

इस विश्वास ने उसके निर्णयों को प्रभावित किया है।

वह चुनौतियों से बचता है।

वह अपने विचार साझा करने में झिझकता है।

वह अपने सपनों को छोटा रखता है।

यह जीवन शायद संतोषजनक नहीं है।

लेकिन यह परिचित है।

और परिचित चीज़ें एक अजीब प्रकार का आराम प्रदान करती हैं।

अब कल्पना कीजिए कि वही व्यक्ति अचानक बदलने का निर्णय लेता है।

वह आत्मविश्वास के साथ बोलना शुरू करता है।

वह बड़े लक्ष्यों का पीछा करना शुरू करता है।

वह उन अवसरों को स्वीकार करने लगता है जिनसे वह पहले बचता था।

पहली नज़र में यह उत्साहजनक लगना चाहिए।

लेकिन आश्चर्यजनक रूप से, यह अक्सर असुविधाजनक महसूस होता है।

क्यों?

क्योंकि मन एक अपरिचित क्षेत्र में प्रवेश कर रहा होता है।

सकारात्मक परिवर्तन भी भय उत्पन्न कर सकता है।

यही कारण है कि बहुत से लोग अपनी पुरानी आदतों में लौट जाते हैं।

इसलिए नहीं कि वे असफल होना चाहते हैं।

बल्कि इसलिए कि अज्ञात, परिचित परिस्थितियों की तुलना में अधिक डरावना लगता है।

पहचान का जाल

लोगों को एक ही जगह पर रोके रखने वाली सबसे शक्तिशाली शक्तियों में से एक है—पहचान (Identity)।

पहचान वह कहानी है जो हम स्वयं को अपने बारे में बताते हैं।

समय के साथ ये कहानियाँ गहराई से जड़ें जमा लेती हैं।

कोई व्यक्ति विश्वास कर सकता है:

"मैं अनुशासित नहीं हूँ।"

"मैं आत्मविश्वासी नहीं हूँ।"

"मैं उन लोगों में से नहीं हूँ जो सफल होते हैं।"

ये बातें तथ्य जैसी प्रतीत हो सकती हैं।

लेकिन वास्तव में ये बार-बार के अनुभवों से बने विश्वास हैं।

समस्या तब शुरू होती है जब लोग स्वयं को इन पहचानों से जोड़ लेते हैं।

वे उसी के अनुसार जीवन जीने लगते हैं।

यदि कोई मानता है कि वह अनुशासित नहीं है, तो वह उन परिस्थितियों से बचता है जहाँ अनुशासन की आवश्यकता होती है।

यदि कोई मानता है कि वह आत्मविश्वासी नहीं है, तो वह उन परिस्थितियों से बचता है जहाँ आत्मविश्वास की आवश्यकता होती है।

यह विश्वास स्वयं ही अपनी सच्चाई साबित करने लगता है।

जितना अधिक वे उसी प्रकार व्यवहार करते हैं, उनकी पहचान उतनी ही मजबूत होती जाती है।

लेकिन यहाँ एक महत्वपूर्ण सत्य है।

आपकी पहचान स्थायी नहीं है।

यह केवल आदतों, विश्वासों और अनुभवों का एक संग्रह है।

और जो भी चीज़ दोहराव से बनी है, उसे नए दोहराव से फिर से बनाया जा सकता है।

आराम का भ्रम

पहली नज़र में आराम बहुत शांतिपूर्ण दिखाई देता है।

यह आसान लगता है।

यह सुरक्षित लगता है।

यह अनुमानित लगता है।

लेकिन यही आराम धीरे-धीरे एक जाल में बदल सकता है।

जब लोग बहुत लंबे समय तक आराम की स्थिति में रहते हैं, तो उनका विकास रुक जाता है।

सपने छोटे होने लगते हैं।

आत्मविश्वास धीरे-धीरे कम होने लगता है।

अवसर बिना ध्यान दिए निकल जाते हैं।

व्यक्ति को शायद तीव्र पीड़ा महसूस न हो।

लेकिन वह कुछ और महसूस करता है।

एक शांत असंतोष।

एक एहसास कि जीवन इससे अधिक हो सकता था।

एक भावना कि वह कुछ बड़ा करने में सक्षम है।

यह भावना संयोग नहीं है।

यह आपकी क्षमता की आवाज़ है।

यह आपके भीतर का वह हिस्सा है जो जानता है कि आपको छोटा बने रहने के लिए नहीं बनाया गया।

इस आवाज़ को अनदेखा करना अस्थायी आराम दे सकता है।

लेकिन समय के साथ यह पछतावे की ओर ले जाता है।

क्योंकि जीवन का सबसे बड़ा पछतावा आमतौर पर असफलता नहीं होता।

सबसे बड़ा पछतावा होता है—

कभी प्रयास ही न करना।

आराम के भ्रम को तोड़ना

आराम के इस भ्रम से मुक्त होने के लिए साहस की आवश्यकता होती है।

इसके लिए यह स्वीकार करना पड़ता है कि विकास असुविधाजनक महसूस होगा।

इसके लिए अनिश्चितता में कदम रखना पड़ता है।

लेकिन असुविधा आपका शत्रु नहीं है।

अक्सर असुविधा ही परिवर्तन का द्वार होती है।

दूसरों में जो भी कौशल आप प्रशंसा करते हैं, वह असुविधा से होकर ही विकसित हुआ है।

हर सफल व्यक्ति जिसने आपको प्रेरित किया है, उसने भय के क्षणों का सामना किया है।

विकास शायद ही कभी आसान या सीधा होता है।

इसमें गलतियाँ होती हैं।

इसमें सीखना शामिल होता है।

इसमें लगातार प्रयास करना शामिल होता है।

लेकिन उस असुविधा के दूसरी ओर कुछ अत्यंत शक्तिशाली आपका इंतज़ार कर रहा होता है।

स्वतंत्रता।

उन पैटर्नों से स्वतंत्रता जो कभी आपको नियंत्रित करते थे।

उन विश्वासों से स्वतंत्रता जो कभी आपको सीमित करते थे।

और ऐसा जीवन बनाने की स्वतंत्रता जो वास्तव में आपकी क्षमता को दर्शाता हो।

अध्याय 4 की गतिविधियाँ

गतिविधि 1: कम्फर्ट ज़ोन पर चिंतन

कुछ मिनट निकालिए और इन प्रश्नों के उत्तर ईमानदारी से दीजिए।

• मेरे जीवन के कौन-से क्षेत्र आरामदायक तो हैं, लेकिन संतोषजनक नहीं हैं?

• कौन-से सपनों से मैं केवल इसलिए दूर रहा हूँ क्योंकि वे अनिश्चित लगते हैं?

• भय के कारण मैंने किन अवसरों को अनदेखा किया है?

अपने उत्तर स्पष्ट रूप से लिखिए।

यह अभ्यास आपको पहचानने में सहायता करेगा कि कहाँ आराम आपकी प्रगति को सीमित कर रहा है।

गतिविधि 2: पहचान को पुनः लिखने का अभ्यास

अपने बारे में वर्तमान में रखे गए तीन विश्वास लिखिए।

उदाहरण:

"मैं अनुशासित नहीं हूँ।"

"मैं आत्मविश्वासी नहीं हूँ।"

"मैं संचार में अच्छा नहीं हूँ।"

अब प्रत्येक विश्वास को एक नई सशक्त पहचान में बदलें।

उदाहरण:

"मैं हर दिन अधिक अनुशासित बन रहा हूँ।"

"मैं आत्मविश्वास के साथ बोलना सीख रहा हूँ।"

"मैं अपने संचार कौशल को लगातार बेहतर बना रहा हूँ।"

इन नई पहचानों को प्रतिदिन दोहराइए।

आपका मन वही मानना शुरू कर देता है जिसे वह बार-बार सुनता है।

गतिविधि 3: असुविधा चुनौती

ऐसा एक छोटा कार्य चुनिए जो आपको थोड़ा असुविधाजनक महसूस कराए लेकिन आपके विकास में सहायता करे।

उदाहरण:

- किसी मीटिंग में अपनी बात रखना
- अपने विचार ऑनलाइन साझा करना
- उस प्रोजेक्ट को शुरू करना जिसे आप लंबे समय से टाल रहे हैं
- किसी नए अवसर की ओर पहला कदम बढ़ाना

अगले 48 घंटों के भीतर इस कार्य को करने का संकल्प लें।

विकास उसी क्षण शुरू होता है जब आप असुविधा के बावजूद कार्य करते हैं।

गतिविधि 4: भविष्य की कल्पना

अपनी आँखें बंद कीजिए और कल्पना कीजिए कि यदि आप अगले पाँच वर्षों तक ऐसे ही बने रहे तो आपका जीवन कैसा होगा।

आप कैसा महसूस करेंगे?

कौन-से अवसर आप खो सकते हैं?

अब कल्पना कीजिए कि यदि आप विकास को चुनते हैं तो पाँच वर्षों बाद आपका जीवन कैसा होगा।

क्या-क्या संभव हो सकता है?

दोनों दृष्टिकोणों को विस्तार से लिखिए।

यह अभ्यास आपको एक जैसे बने रहने की वास्तविक कीमत दिखाएगा।

अध्याय चिंतन

कम्फर्ट ज़ोन आकर्षक होता है।

वह सुरक्षा के वादे करता है।

वह शांति का भ्रम देता है।

लेकिन उस आराम के नीचे अक्सर ठहराव छिपा होता है।

विकास तब शुरू होता है जब आप परिचित सीमाओं को चुनौती देते हैं।

जब आप उन पहचानों पर प्रश्न उठाते हैं जिन्हें आप वर्षों से ढोते आए हैं।

जब आप साहस के साथ अनिश्चितता में कदम रखते हैं।

आपको रातोंरात सब कुछ बदलने की आवश्यकता नहीं है।

आपको केवल आराम की सीमा से बाहर एक कदम बढ़ाना है।

फिर एक और कदम।

फिर एक और।

हर कदम के साथ वह जीवन, जो कभी दूर लगता था, आपके करीब आने लगता है।

क्योंकि जिस क्षण आप आराम के भीतर छिपना बंद कर देते हैं...

उसी क्षण आप उस व्यक्ति में बदलना शुरू कर देते हैं,

जो बनने के लिए आप वास्तव में बने हैं।

अध्याय 5

भय – मौन नियंत्रक

भय शायद ही कभी ज़ोर से अपनी उपस्थिति दर्ज कराता है।

यह हमेशा घबराहट या काँपने के रूप में दिखाई नहीं देता।

अधिकतर समय, भय हमारे विचारों और निर्णयों के माध्यम से चुपचाप काम करता है, और हमें इसका एहसास भी नहीं होता कि वह हमारे जीवन को आकार दे रहा है।

वह धीरे-धीरे फुसफुसाता है—

"शायद यह सही समय नहीं है।"

"अगर लोग तुम्हारा मूल्यांकन करें तो?"

"तुम असफल हो सकते हो।"

ये फुसफुसाहटें पहली नज़र में हानिरहित लगती हैं।

लेकिन समय के साथ वे इतनी शक्तिशाली हो जाती हैं कि हमारे निर्णयों को नियंत्रित करने लगती हैं।

भय हमारे जीवन का मौन नियंत्रक बन जाता है।

बहुत से लोग मानते हैं कि वे तर्कसंगत निर्णय ले रहे हैं, जबकि वास्तविकता में वे केवल अपने भय का पालन कर रहे होते हैं।

वे अर्थपूर्ण रास्तों के बजाय सुरक्षित रास्तों को चुनते हैं।

वे उन चुनौतियों से बचते हैं जो उनके जीवन को बदल सकती थीं।

वे अपने सपनों को उसी समय चुप करा देते हैं जब उन्हें बढ़ने का अवसर मिलना चाहिए था।

भय हमेशा दिखाई नहीं देता।

लेकिन उसका प्रभाव हमारे लगभग हर महत्वपूर्ण निर्णय में मौजूद होता है।

भय को समझना अपने जीवन पर नियंत्रण वापस पाने का पहला कदम है।

भय किस प्रकार चुपचाप हमारे निर्णयों को नियंत्रित करता है

भय कभी यह नहीं कहता—

"मैं तुम्हें नियंत्रित कर रहा हूँ।"

इसके बजाय वह स्वयं को तर्क का रूप दे देता है।

आप स्वयं से कह सकते हैं—

"मुझे थोड़ी और तैयारी की आवश्यकता है।"

"मैं अगले महीने शुरू करूँगा।"

"मुझे तब तक इंतज़ार करना चाहिए जब तक परिस्थितियाँ पूरी तरह सही न हो जाएँ।"

ये विचार व्यावहारिक लगते हैं।

लेकिन अक्सर वे केवल तर्क का मुखौटा पहने हुए भय होते हैं।

भय आपको विश्वास दिलाता है कि इंतज़ार करना समझदारी है।

भय आपको विश्वास दिलाता है कि प्रयास करना जोखिम भरा है।

भय आपको विश्वास दिलाता है कि छोटा बने रहना सुरक्षित है।

और धीरे-धीरे, बिना ध्यान दिए, आपका जीवन बचने और टालने की आदतों से आकार लेने लगता है।

वे अवसर जिन्हें आपने कभी नहीं अपनाया।

वे विचार जिन्हें आपने कभी साझा नहीं किया।

वे सपने जिनका आपने कभी पीछा नहीं किया।

इनमें से हर क्षण भय की एक शांत जीत का प्रतिनिधित्व करता है।

लेकिन **भय केवल तब तक शक्तिशाली रहता है जब तक उसे चुनौती नहीं दी जाती।**

जिस क्षण आप उसे पहचान लेते हैं, उसी क्षण उसका नियंत्रण कमजोर होने लगता है।

असफलता का भय

सबसे सामान्य भय में से एक है असफलता का भय।

असफलता दर्दनाक महसूस हो सकती है।

यह शर्मिंदगी ला सकती है।

यह दूसरों की आलोचना को आमंत्रित कर सकती है।

इसी कारण बहुत से लोग प्रयास ही नहीं करते।

उन्हें लगता है कि असफलता से बचना उन्हें सुरक्षित रखेगा।

लेकिन यही विश्वास एक खतरनाक जाल बन जाता है।

जब लोग असफलता से बचते हैं, तो वे विकास से भी बच जाते हैं।

हर कौशल, हर उपलब्धि और हर सफलता के रास्ते में गलतियाँ शामिल होती हैं।

असफलता सफलता का विपरीत नहीं है।

यह सफलता तक पहुँचने वाली प्रक्रिया का एक हिस्सा है।

एक बच्चे की कल्पना कीजिए जो चलना सीख रहा है।

वह कई बार गिरता है।

फिर भी हर गिरावट उसे संतुलन सिखाती है।

हर प्रयास उसकी शक्ति बढ़ाता है।

अंततः चलना स्वाभाविक बन जाता है।

वयस्क लोग अक्सर इस प्रक्रिया को भूल जाते हैं।

वे गलतियों के बिना सफलता की अपेक्षा करते हैं।

और जब असफलता सामने आती है, तो वे उसे इस बात का प्रमाण मान लेते हैं कि उन्हें रुक जाना चाहिए।

लेकिन सच्चाई बहुत सरल है।

असफलता प्रतिक्रिया (Feedback) **है।**

यह आपको दिखाती है कि कहाँ सुधार की आवश्यकता है।

यह बताती है कि कहाँ विकास की जरूरत है।

और सही दृष्टिकोण के साथ देखी जाए, तो **असफलता जीवन की सबसे महान शिक्षकों में से एक बन जाती है।**

सफलता का भय

हालाँकि असफलता के भय के बारे में बहुत बात की जाती है, लेकिन एक और भय है जिसे अधिकांश लोग अनदेखा कर देते हैं।

सफलता का भय।

पहली नज़र में यह विचार अजीब लगता है।

कोई सफलता से क्यों डरेगा?

लेकिन सफलता परिवर्तन लाती है।

यह लोगों का ध्यान आकर्षित करती है।

यह अपेक्षाएँ बढ़ाती है।

जब कोई व्यक्ति सफल होता है, तो लोग उस पर नज़र रखने लगते हैं।

लोग उससे अधिक अपेक्षा करने लगते हैं।

जिम्मेदारियाँ बढ़ जाती हैं।

कुछ लोगों के लिए यह ध्यान भारी महसूस होता है।

उन्हें आलोचना का डर होता है।

उन्हें संबंध खोने का डर होता है।

उन्हें लगता है कि सफलता उन्हें दूसरों से अलग कर सकती है।

इन छिपे हुए भय के कारण मन कभी-कभी आत्म-विनाश का रास्ता चुन लेता है।

व्यक्ति अपनी प्रगति में देरी करता है।

वह अवसरों को छोड़ देता है।

वह अनजाने में स्वयं को पीछे रोक लेता है।

इसलिए नहीं कि वह सफलता नहीं चाहता।

बल्कि इसलिए कि वह सफलता के परिणामों से डरता है।

जब आप इस छिपे हुए भय को पहचान लेते हैं, तब आप उसका सीधे सामना कर सकते हैं।

सफलता आपको अकेला नहीं बनाती।

सफलता केवल आपकी क्षमता का विस्तार करती है।

भय को साहस में बदलना

भय हमेशा रहेगा।

यह इंसान होने का एक स्वाभाविक हिस्सा है।

लेकिन साहस का अर्थ भय का अभाव नहीं है।

साहस का अर्थ है भय के बावजूद कार्य करना।

जिस भी साहसी व्यक्ति की आप प्रशंसा करते हैं, उसने भय का सामना किया है।

अंतर केवल इतना है कि उन्होंने अपने भय को अपने निर्णय लेने की अनुमति नहीं दी।

उन्होंने एक शक्तिशाली सत्य समझ लिया था।

भय अक्सर सफलता की बड़ी छलांग से ठीक पहले सबसे अधिक शक्तिशाली दिखाई देता है।

वह विकास की सीमा पर खड़ा होता है।

वह नई संभावनाओं के द्वार की रखवाली करता है।

लेकिन जैसे ही आप उस द्वार से गुजरते हैं, भय अपनी शक्ति खोने लगता है।

और आत्मविश्वास बढ़ना शुरू हो जाता है।

आत्मविश्वास कोई ऐसी चीज़ नहीं है जिसके साथ आप जन्म लेते हैं।

यह वह चीज़ है जिसे आप अपने कार्यों से बनाते हैं।

हर बार जब आप भय का सामना करते हैं, तो आप स्वयं पर अपना विश्वास मजबूत करते हैं।

हर बार जब आप संदेह के बावजूद कार्य करते हैं, तो आप अपने कम्फर्ट ज़ोन का विस्तार करते हैं।

समय के साथ साहस आपकी पहचान का हिस्सा बन जाता है।

अध्याय 5 की गतिविधियाँ

गतिविधि 1: अपने सबसे बड़े भय की पहचान करें

कुछ समय निकालकर गहराई से विचार करें।

स्वयं से पूछें:

• कौन-सा भय मुझे सबसे अधिक पीछे रोक रहा है?

• इस भय के कारण मैंने किस लक्ष्य से दूरी बना ली है?

• यह भय कितने समय से मेरे निर्णयों को प्रभावित कर रहा है?

अपने उत्तर ईमानदारी से लिखें।

स्पष्टता साहस की दिशा में पहला कदम है।

गतिविधि 2: भय विश्लेषण अभ्यास

अपने किसी एक भय को चुनें और उसका सावधानीपूर्वक विश्लेषण करें।

लिखें:

• मैं वास्तव में किस बात से डर रहा हूँ?

• सबसे बुरा वास्तविक परिणाम क्या हो सकता है?

• यदि वह परिणाम सच हो जाए, तो मैं उससे कैसे उबरूँगा?

अधिकांश भय तब छोटे लगने लगते हैं जब हम उन्हें तर्कसंगत दृष्टि से देखते हैं।

गतिविधि 3: साहसिक कार्य चुनौती

ऐसा एक कार्य चुनिए जिसे करने से भय आपको रोक रहा है।

उसे छोटा लेकिन अर्थपूर्ण बनाइए।

उदाहरण:

• कोई विचार साझा करना

• किसी प्रोजेक्ट की शुरुआत करना

• किसी अवसर के लिए किसी व्यक्ति से संपर्क करना

• किसी चर्चा में अपनी बात रखना

अगले 24 घंटों के भीतर इस कार्य को करने का संकल्प लें।

कार्य करना, केवल सोचने की तुलना में भय को कहीं अधिक तेज़ी से कमजोर करता है।

गतिविधि 4: साहस डायरी

अगले सात दिनों तक, प्रतिदिन एक ऐसा क्षण लिखिए जब आपने भय के बावजूद कार्य किया हो।

यह कोई बड़ा कार्य होना आवश्यक नहीं है।

साहस के छोटे-छोटे कार्य भी महत्वपूर्ण हैं।

सप्ताह के अंत में अपनी डायरी पढ़िए।

आप स्वयं का एक नया रूप उभरता हुआ देखना शुरू कर देंगे।

अध्याय चिंतन

भय शक्तिशाली है, लेकिन वह अजेय नहीं है।

जब उसे अनदेखा किया जाता है, तो वह मजबूत होता जाता है।

जब उसका सामना किया जाता है, तो वह कमजोर पड़ने लगता है।

हर महान परिवर्तन की शुरुआत साहस के एक क्षण से होती है।

एक ऐसा क्षण जब कोई व्यक्ति निर्णय लेता है कि उसके सपने उसके भय से अधिक महत्वपूर्ण हैं।

आगे बढ़ने के लिए आपको भय को पूरी तरह समाप्त करने की आवश्यकता नहीं है।

आपको केवल अगला कदम उठाने का साहस चाहिए।

और जब आप वह कदम उठाते हैं, तो आप एक अद्भुत सत्य खोजते हैं।

जिस रास्ते से आप कभी डरते थे...

वही रास्ता हमेशा से आपको आगे बढ़ाने के लिए बना था।

अध्याय 6

नकारात्मक पैटर्नों के चक्र को तोड़ना

बहुत से लोग स्वयं से वादा करते हैं कि वे बदलेंगे।

वे निर्णय लेते हैं कि अब वे टालमटोल नहीं करेंगे।

वे वादा करते हैं कि वे अधिक अनुशासित बनेंगे।

वे स्वयं से कहते हैं कि कल सब कुछ अलग होगा।

लेकिन फिर कल आता है...

और वही पुरानी आदतें लौट आती हैं।

वही विचार फिर से सामने आते हैं।

वही पैटर्न दोहराए जाते हैं।

यह चक्र बेहद निराशाजनक महसूस हो सकता है।

यह लोगों को अपनी इच्छाशक्ति पर संदेह करने के लिए मजबूर कर सकता है।

उन्हें ऐसा लग सकता है जैसे वे एक ऐसे चक्र में फँस गए हैं जिससे बाहर निकलना असंभव है।

लेकिन एक महत्वपूर्ण सत्य को समझना आवश्यक है।

लोग विनाशकारी पैटर्न इसलिए नहीं दोहराते क्योंकि वे असफल होना चाहते हैं।

वे उन्हें इसलिए दोहराते हैं क्योंकि समय के साथ पैटर्न स्वचालित बन जाते हैं।

जब कोई पैटर्न मस्तिष्क में गहराई से स्थापित हो जाता है, तो वह एक प्रोग्राम की तरह चलने लगता है।

फिर आपको उसके बारे में सोचने की आवश्यकता नहीं होती।

आपका मन स्वतः उसी परिचित रास्ते का अनुसरण करता है।

इन पैटर्नों को समझना उन्हें तोड़ने की दिशा में पहला कदम है।

लोग विनाशकारी आदतों को बार-बार क्यों दोहराते हैं?

हर आदत एक सरल मनोवैज्ञानिक चक्र का पालन करती है।

यह एक ट्रिगर से शुरू होती है।

ट्रिगर एक भावनात्मक प्रतिक्रिया उत्पन्न करता है।

वह भावना एक व्यवहार की ओर ले जाती है।

और वह व्यवहार एक अल्पकालिक पुरस्कार देता है।

समय के साथ यह पूरा चक्र स्वचालित बन जाता है।

उदाहरण के लिए:

एक व्यक्ति तनाव महसूस करता है।

तनाव ट्रिगर बन जाता है।

तनाव से बचने के लिए वह टालमटोल करने लगता है या अपना ध्यान भटकाता है।

यह ध्यान भटकाना उसे अस्थायी राहत देता है।

मस्तिष्क इस राहत को याद रखता है।

अगली बार जब तनाव उत्पन्न होता है, तो मस्तिष्क फिर वही व्यवहार दोहराता है।

इसी प्रकार विनाशकारी पैटर्न बनते हैं।

मस्तिष्क वही सीखता है जो उसे तुरंत आराम देता है।

भले ही वही आराम भविष्य में समस्याएँ पैदा करे।

क्योंकि मस्तिष्क भविष्य की सफलता की तुलना में तत्काल राहत को अधिक प्राथमिकता देता है।

इन चक्रों को तोड़ने के लिए पैटर्न को बीच में रोकना आवश्यक है।

मानसिक चक्र (Mental Loop)

नकारात्मक पैटर्न अक्सर मानसिक चक्रों द्वारा मजबूत किए जाते हैं।

मानसिक चक्र विचारों की वह दोहराई जाने वाली श्रृंखला है जो एक ही व्यवहार को बार-बार मजबूत करती है।

उदाहरण के लिए:

कोई व्यक्ति एक प्रोजेक्ट शुरू करना चाहता है।

लेकिन उसके मन में एक विचार आता है—

"अगर मैं असफल हो गया तो?"

यह विचार चिंता पैदा करता है।

चिंता उसे कार्य से बचने की ओर ले जाती है।

कार्य से बचना उसे अस्थायी राहत देता है।

फिर मस्तिष्क इस विश्वास को मजबूत कर देता है कि काम से बचना सही निर्णय था।

अगली बार वही चक्र और भी तेज़ी से दोहराया जाता है।

विचार → भावना → व्यवहार → राहत → सुदृढ़ीकरण

हर बार दोहराए जाने पर यह चक्र और मजबूत हो जाता है।

लेकिन अच्छी खबर यह है कि मानसिक चक्रों को तोड़ा जा सकता है।

और जब उन्हें लगातार तोड़ा जाता है, तो मस्तिष्क नए पैटर्न बनाना शुरू कर देता है।

पैटर्न को बाधित करने की शक्ति

किसी नकारात्मक पैटर्न को तोड़ने का सबसे प्रभावी तरीका है उसे बीच में रोक देना।

जब ट्रिगर सामने आए, तो पुराने व्यवहार का अनुसरण करने के बजाय आप जानबूझकर एक नया कार्य चुनें।

शुरुआत में यह कठिन महसूस होगा।

आपका मस्तिष्क आपको फिर से उसी पुराने परिचित व्यवहार की ओर धकेलने की कोशिश करेगा।

लेकिन हर बार जब आप पैटर्न को रोकते हैं, तो आप पुराने मानसिक मार्ग को कमजोर करते हैं।

और एक नए मार्ग को मजबूत करते हैं।

इसे जंगल में चलने जैसा समझिए।

यदि आप हर दिन एक ही रास्ते पर चलते हैं, तो वह रास्ता साफ और आसान हो जाता है।

लेकिन यदि आप उस रास्ते का उपयोग करना बंद कर दें और नया रास्ता अपनाएँ, तो पुराना मार्ग धीरे-धीरे मिटने लगता है।

आपका मस्तिष्क भी इसी प्रकार काम करता है।

पुराने पैटर्न तब कमजोर पड़ते हैं जब उनका उपयोग बंद हो जाता है।

नए पैटर्न दोहराव के साथ मजबूत होते जाते हैं।

बेहतर पैटर्न बनाना

नकारात्मक आदतों को तोड़ना केवल आधी प्रक्रिया है।

दूसरी आधी प्रक्रिया है सकारात्मक पैटर्न बनाना।

आप केवल किसी आदत को हटा नहीं सकते।

आपको उसकी जगह कुछ नया स्थापित करना होगा।

यदि कोई व्यक्ति टालमटोल करना छोड़ देता है लेकिन कोई उत्पादक दिनचर्या विकसित नहीं करता, तो उसका मन फिर से पुराने व्यवहारों की ओर लौट जाएगा।

वास्तविक परिवर्तन तब होता है जब नई आदतें पुरानी आदतों की जगह लेती हैं।

इस प्रक्रिया में धैर्य की आवश्यकता होती है।

लेकिन छोटे-छोटे निरंतर कार्य समय के साथ असाधारण परिणाम उत्पन्न करते हैं।

मुख्य बात तीव्रता नहीं है।

मुख्य बात है दोहराव।

प्रतिदिन दोहराया गया एक छोटा सकारात्मक कार्य आपके पूरे जीवन को नया आकार दे सकता है।

अध्याय 6 की गतिविधियाँ

गतिविधि 1: अपनी आदतों के चक्र की पहचान करें

ऐसी एक नकारात्मक आदत चुनें जिसे आप बदलना चाहते हैं।

इन प्रश्नों के उत्तर दें:

• इस आदत को आमतौर पर कौन-सी स्थिति या घटना शुरू करती है?

• आदत शुरू होने से पहले मैं कौन-सी भावना महसूस करता हूँ?

• उस भावना के बाद मैं कौन-सा व्यवहार करता हूँ?

• यह व्यवहार मुझे कौन-सा अस्थायी लाभ या राहत देता है?

अपने उत्तर लिखिए।

जब आप चक्र को समझ लेते हैं, तो उसे रोकना आसान हो जाता है।

गतिविधि 2: पैटर्न बाधित करने की योजना

जब आप ट्रिगर पहचान लें, तो उसके लिए एक नई प्रतिक्रिया की योजना बनाइए।

उदाहरण:

ट्रिगर: काम का तनाव

पुराना व्यवहार: टालमटोल या ध्यान भटकाना

नया व्यवहार: कार्य पर कम से कम 10 मिनट काम करना

अब अपना स्वयं का पैटर्न-बाधित योजना लिखिए।

और हर बार ट्रिगर आने पर उसे लागू करने का संकल्प लें।

गतिविधि 3: दो-मिनट नियम

अधिकांश आदतें इसलिए असफल हो जाती हैं क्योंकि शुरुआत बहुत कठिन लगती है।

इसका समाधान है—शुरुआत को बेहद छोटा बना देना।

एक आदत चुनिए और उसे केवल दो मिनट तक सीमित कर दीजिए।

उदाहरण:

• दो मिनट लिखना

• दो मिनट पढ़ना

• दो मिनट व्यायाम करना

शुरुआत करना सबसे कठिन हिस्सा होता है।

एक बार जब आप शुरू कर देते हैं, तो आगे बढ़ना आसान हो जाता है।

गतिविधि 4: साप्ताहिक पैटर्न समीक्षा

हर सप्ताह के अंत में स्वयं से पूछिए:

• इस सप्ताह कौन-सी आदतों ने मेरे जीवन को बेहतर बनाया?

• कौन-सी आदतों ने मेरी प्रगति को धीमा किया?

• अगले सप्ताह मैं किस पैटर्न को सुधारना चाहता हूँ?

अपने उत्तर एक डायरी में लिखिए।

यह चिंतन जागरूकता और जवाबदेही दोनों को विकसित करता है।

अध्याय चिंतन

नकारात्मक पैटर्न स्थायी नहीं होते।

वे केवल ऐसी आदतें हैं जिन्हें इतनी बार दोहराया गया है कि वे स्वचालित लगने लगी हैं।

आपके जीवन का हर पैटर्न दोहराव के माध्यम से बना है।

और जो कुछ भी दोहराव से बना है, उसे उसी प्रकार बदला भी जा सकता है।

इस प्रक्रिया के लिए धैर्य चाहिए।

इसके लिए जागरूकता चाहिए।

और सबसे महत्वपूर्ण बात—

इसके लिए निरंतरता चाहिए।

हर बार जब आप किसी नकारात्मक पैटर्न को रोकते हैं, तो आप स्वतंत्रता की ओर एक कदम बढ़ाते हैं।

हर बार जब आप उसकी जगह एक सकारात्मक कार्य चुनते हैं, तो आप उस व्यक्ति को मजबूत बनाते हैं जो आप बनना चाहते हैं।

शुरुआत में यह परिवर्तन छोटा लग सकता है।

लेकिन समय के साथ दोहराए गए छोटे कार्य असाधारण परिवर्तन पैदा करते हैं।

क्योंकि आप कल जो जीवन बनाएँगे...

उसकी शुरुआत उन पैटर्नों से होती है जिन्हें आप आज बदलते हैं।

अध्याय 7

अपनी सोच को पुनर्निर्मित करना

आपका जीवन ऐसी चीज़ द्वारा आकार लेता है जिसे आप अक्सर देख नहीं पाते।

वह आपकी परिस्थितियाँ नहीं हैं।

वह आपके संसाधन नहीं हैं।

वह आपकी प्रतिभाएँ भी नहीं हैं।

वह है—**आपकी सोच** (Mindset)।

माइंडसेट उन विश्वासों का संग्रह है जो आप अपने बारे में, अपनी क्षमताओं के बारे में और अपने आसपास की दुनिया के बारे में रखते हैं।

ये विश्वास चुपचाप आपके हर निर्णय को प्रभावित करते हैं।

वे तय करते हैं कि आप प्रयास करेंगे या झिझकेंगे।

आप डटे रहेंगे या हार मान लेंगे।

आप विकास को संभव मानेंगे या स्वयं को सीमित समझेंगे।

बहुत से लोग अपनी आदतों या लक्ष्यों को बदलने पर ध्यान देते हैं, लेकिन वे उस गहरी नींव को नज़रअंदाज़ कर देते हैं जो उन सभी कार्यों के नीचे मौजूद होती है।

वह नींव है—उनका सोचने का तरीका।

यदि सोच वही बनी रहती है, तो परिणाम भी अक्सर वही बने रहते हैं।

वास्तविक परिवर्तन तब शुरू होता है जब आप स्वयं को और अपनी क्षमता को देखने का तरीका बदलते हैं।

विश्वासों की शक्ति

हर व्यक्ति अपने भीतर यह विश्वास लेकर चलता है कि वह क्या कर सकता है और क्या नहीं।

कुछ विश्वास हमें सशक्त बनाते हैं।

जबकि कुछ चुपचाप हमें सीमित कर देते हैं।

ये सीमित करने वाले विश्वास अक्सर जीवन के शुरुआती वर्षों में बनते हैं।

शायद किसी ने कभी आपसे कहा हो कि आप पर्याप्त अच्छे नहीं हैं।

शायद आपने असफलता का अनुभव किया हो और यह निष्कर्ष निकाल लिया हो कि सफलता आपके लिए नहीं बनी।

शायद आपने स्वयं की तुलना दूसरों से की हो और यह मान लिया हो कि आप कभी उनकी क्षमताओं तक नहीं पहुँच सकते।

समय के साथ ये अनुभव आंतरिक विश्वासों में बदल जाते हैं।

और एक बार जब कोई विश्वास मन में जगह बना लेता है, तो वह आपके व्यवहार को आकार देना शुरू कर देता है।

यदि आपको विश्वास है कि आप सक्षम हैं, तो आप कठिन कार्यों का प्रयास करते हैं।

यदि आपको विश्वास है कि आप सक्षम नहीं हैं, तो आप उनसे बचते हैं।

यही कारण है कि विश्वास इतने शक्तिशाली होते हैं।

वे अदृश्य निर्देशों की तरह कार्य करते हैं जो आपके कार्यों का मार्गदर्शन करते हैं।

लेकिन यहाँ सबसे महत्वपूर्ण सत्य है—

विश्वास स्थायी तथ्य नहीं होते।

वे केवल आपकी व्याख्याएँ होते हैं।

और व्याख्याएँ बदली जा सकती हैं।

सीमित करने वाले विश्वासों को बदलना

सीमित करने वाला विश्वास वह विचार है जो आपको यह यकीन दिलाता है कि कुछ असंभव है या आपकी क्षमता से बाहर है।

उदाहरण:

"मैं पर्याप्त बुद्धिमान नहीं हूँ।"

"मैं कभी सफल नहीं हो सकता।"

"मैं अनुशासित नहीं हूँ।"

"मैं प्रतिभाशाली नहीं हूँ।"

ये विचार वास्तविक लगते हैं क्योंकि इन्हें कई बार दोहराया गया है।

लेकिन बार-बार दोहराया जाना उन्हें सत्य नहीं बना देता।

किसी सीमित विश्वास को बदलने के लिए सबसे पहले आपको उस पर प्रश्न उठाना होगा।

स्वयं से पूछें:

क्या यह विश्वास वास्तविक प्रमाणों पर आधारित है, या यह केवल पुराने अनुभवों पर आधारित है जो अब मुझे परिभाषित नहीं करते?

बहुत से सफल लोग भी कभी सीमित करने वाले विश्वासों के साथ जीते थे।

उनका जीवन भाग्य या प्रतिभा के कारण नहीं बदला।

उनका जीवन इसलिए बदला क्योंकि उन्होंने स्वयं को सुनाई जा रही पुरानी कहानी को चुनौती देने का निर्णय लिया।

जैसे ही किसी विश्वास को चुनौती दी जाती है, वह कमजोर होने लगता है।

और उसकी जगह एक नया विश्वास विकसित हो सकता है।

विकासवादी सोच (Growth Mindset)

मनोवैज्ञानिक आमतौर पर दो प्रकार की सोच का वर्णन करते हैं।

स्थिर सोच (Fixed Mindset) और विकासवादी सोच (Growth Mindset)।

स्थिर सोच यह मानती है कि क्षमताएँ स्थायी होती हैं।

इस सोच वाले लोग मानते हैं कि व्यक्ति या तो प्रतिभाशाली होता है या नहीं।

वे चुनौतियों से बचते हैं क्योंकि असफलता उन्हें अपनी कमजोरी का प्रमाण लगती है।

दूसरी ओर, विकासवादी सोच यह मानती है कि प्रयास और सीखने के माध्यम से क्षमताएँ विकसित की जा सकती हैं।

इस सोच वाले लोग चुनौतियों को अवसर के रूप में देखते हैं।

वे समझते हैं कि गलतियाँ प्रगति का हिस्सा हैं।

वे असफलता से नहीं डरते।

वे उससे सीखते हैं।

विकासवादी सोच विकसित करने से जीवन के प्रति आपका दृष्टिकोण पूरी तरह बदल जाता है।

आप यह पूछने के बजाय—

"अगर मैं असफल हो गया तो?"

पूछना शुरू करते हैं—

"मैं इससे क्या सीख सकता हूँ?"

आप यह मानने के बजाय—

"मैं यह नहीं कर सकता।"

विश्वास करना शुरू करते हैं—

"मैं यह अभी नहीं कर सकता।"

यह एक छोटा-सा शब्द—"अभी"—संभावनाओं के द्वार खोल देता है।

विकास के लिए अपने मन को प्रशिक्षित करना

आपकी सोच एक बगीचे की तरह है।

यदि आप उसकी देखभाल नहीं करेंगे, तो उसमें अपने-आप खरपतवार उग आएँगे।

संदेह, भय और नकारात्मक विश्वास आपके मन पर कब्ज़ा कर सकते हैं।

लेकिन निरंतर प्रयास से आप नए विचारों के बीज बो सकते हैं जो आपके विकास का समर्थन करें।

हर बार जब आप किसी सीमित विश्वास को चुनौती देते हैं, तो आप एक नया बीज बोते हैं।

हर बार जब आप संदेह के बजाय साहस चुनते हैं, तो आप उस बीज को मजबूत करते हैं।

समय के साथ ये बीज एक ऐसी शक्तिशाली सोच में विकसित हो जाते हैं जो आपके लक्ष्यों का समर्थन करती है।

इस प्रक्रिया के लिए धैर्य की आवश्यकता होती है।

लेकिन इसके परिणाम आपके जीवन को बदल सकते हैं।

अध्याय 7 की गतिविधियाँ

गतिविधि 1: अपने सीमित विश्वासों की पहचान करें

कुछ समय निकालिए और ऐसे तीन विश्वास लिखिए जो आपके विकास को सीमित कर सकते हैं।

उदाहरण:

- "मैं आत्मविश्वासी नहीं हूँ।"
- "मैं अनुशासित नहीं हूँ।"
- "मैं नई चीज़ें सीखने में अच्छा नहीं हूँ।"

उन्हें ईमानदारी से लिखिए।

इन विश्वासों को पहचानना उन्हें बदलने का पहला कदम है।

गतिविधि 2: विश्वास को चुनौती दें

अपने किसी एक सीमित विश्वास को चुनिए और स्वयं से पूछिए:

• यह विश्वास कहाँ से आया?

• क्या कोई वास्तविक प्रमाण है कि यह हमेशा के लिए सत्य है?

• क्या मैं ऐसे उदाहरण खोज सकता हूँ जो इसके विपरीत साबित करते हों?

अक्सर आप पाएँगे कि आपका विश्वास उतना मजबूत नहीं है जितना आपने सोचा था।

गतिविधि 3: एक नया सशक्त विश्वास बनाएँ

अब उस सीमित विश्वास को विकास-उन्मुख कथन से बदलें।

उदाहरण:

सीमित विश्वास: "मैं अनुशासित नहीं हूँ।"

नया विश्वास: "मैं छोटे-छोटे दैनिक कार्यों के माध्यम से अनुशासन विकसित कर रहा हूँ।"

अपने नए विश्वास को प्रतिदिन दोहराइए।

आपका मन उन संदेशों के अनुसार स्वयं को ढालना शुरू कर देता है जिन्हें वह बार-बार सुनता है।

गतिविधि 4: सीखने पर चिंतन

हर दिन के अंत में स्वयं से तीन प्रश्न पूछिए:

- मैंने आज क्या सीखा?
- आज कौन-सी गलती ने मुझे कुछ नया सिखाया?
- आज मैंने कौन-सा छोटा सुधार किया?

यह अभ्यास समय के साथ विकासवादी सोच को मजबूत बनाता है।

अध्याय चिंतन

आपकी सोच स्थिर नहीं है।

यह कोई स्थायी संरचना नहीं है।

यह एक जीवंत प्रणाली है जो आपके विचारों और अनुभवों के माध्यम से विकसित होती रहती है।

आज जो विश्वास आप अपने भीतर रखते हैं, वे समय के साथ बने हैं।

और यदि आप चाहें, तो उन्हें दोबारा भी बनाया जा सकता है।

हर बार जब आप किसी सीमित विश्वास पर प्रश्न उठाते हैं, तो आप संभावनाओं के लिए जगह बनाते हैं।

हर बार जब आप भय के बजाय जिज्ञासा के साथ चुनौतियों का सामना करते हैं, तो आप अपनी विकासवादी सोच को मजबूत करते हैं।

परिवर्तन किसी एक क्षण में नहीं होता।

यह आपके सोचने, कार्य करने और दुनिया के प्रति प्रतिक्रिया देने के तरीके में होने वाले छोटे-छोटे परिवर्तनों के माध्यम से होता है।

और जब आपकी सोच बदलना शुरू होती है, तो कुछ असाधारण घटित होता है।

जो बाधाएँ कभी असंभव लगती थीं, वे अवसरों जैसी दिखाई देने लगती हैं।

जिस व्यक्ति पर आप कभी संदेह करते थे, वही अपनी वास्तविक क्षमता प्रकट करने लगता है।

क्योंकि जब आप अपनी सोच का पुनर्निर्माण करते हैं...

तो आप अपने भविष्य का पुनर्निर्माण करते हैं।

अध्याय 8

अनुशासन – आत्म-निपुणता तक पहुँचने का पुल

बहुत से लोग शुरुआत करने से पहले प्रेरणा (Motivation) का इंतज़ार करते हैं।

वे सही मनःस्थिति का इंतज़ार करते हैं।

वे सही समय का इंतज़ार करते हैं।

वे उस दिन का इंतज़ार करते हैं जब वे इतना प्रेरित महसूस करेंगे कि कार्य शुरू कर सकें।

लेकिन सच्चाई बहुत सरल है।

प्रेरणा भरोसेमंद नहीं होती।

कुछ दिनों में आप उत्साहित और ऊर्जा से भरपूर महसूस करते हैं।

अन्य दिनों में आप थके हुए, विचलित और संदेह से भरे हुए महसूस करते हैं।

यदि आपकी प्रगति प्रेरणा पर निर्भर करती है, तो आपकी प्रगति हमेशा असंगत रहेगी।

यहीं पर अनुशासन की शक्ति सामने आती है।

अनुशासन यह नहीं पूछता कि आप कैसा महसूस कर रहे हैं।

अनुशासन यह पूछता है कि क्या किया जाना आवश्यक है।

यह वह शांत निर्णय है जिसमें आप कार्य करते हैं, भले ही आपका मन न हो।

यह वह क्षमता है जो आपको तब भी आगे बढ़ाती है जब उत्साह समाप्त हो जाता है।

और लंबे समय में अनुशासन प्रेरणा से कहीं अधिक शक्तिशाली होता है।

क्योंकि प्रेरणा यात्रा की शुरुआत कराती है।

लेकिन अनुशासन उसे पूरा कराता है।

प्रेरणा क्यों समाप्त हो जाती है

प्रेरणा अक्सर किसी नए लक्ष्य की शुरुआत में दिखाई देती है।

आप उत्साहित महसूस करते हैं।

आप एक बेहतर भविष्य की कल्पना करते हैं।

आप स्वयं से वादा करते हैं कि इस बार सब कुछ अलग होगा।

लेकिन जैसे-जैसे दिन बीतते हैं, उत्साह कम होने लगता है।

कार्य दोहरावपूर्ण लगने लगता है।

प्रगति धीमी महसूस होती है।

और मन आसान विकल्पों की तलाश शुरू कर देता है।

यह बिल्कुल सामान्य है।

प्रेरणा एक भावनात्मक ऊर्जा है।

और भावनाएँ लगातार बदलती रहती हैं।

यदि आप अपने कार्यों को निर्देशित करने के लिए भावनाओं पर निर्भर करते हैं, तो आपके कार्य भी भावनाओं की तरह बदलते रहेंगे।

अनुशासन इस समस्या का समाधान है।

अनुशासन भावनाओं की जगह प्रतिबद्धता को स्थापित करता है।

यह आपके जीवन में संरचना और स्थिरता लाता है।

फिर आप यह पूछने के बजाय—

"क्या आज मेरा मन यह करने का है?"

यह पूछना शुरू करते हैं—

"क्या यह उस व्यक्ति का हिस्सा है जो मैं बनना चाहता हूँ?"

यह छोटा-सा परिवर्तन सब कुछ बदल देता है।

दैनिक आदतों की शक्ति

अनुशासन का अर्थ स्वयं को लगातार काम करने के लिए मजबूर करना नहीं है।

इसका अर्थ है निरंतर दैनिक आदतों का निर्माण करना।

हर दिन दोहराई गई छोटी आदतें लंबे समय में शक्तिशाली परिणाम पैदा करती हैं।

एक नई भाषा सीखने के बारे में सोचिए।

प्रतिदिन केवल दस मिनट अभ्यास करना शायद बहुत बड़ा कार्य न लगे।

लेकिन एक वर्ष बाद यही छोटे अभ्यास गहरा ज्ञान प्रदान करते हैं।

यही सिद्धांत जीवन के हर क्षेत्र में लागू होता है।

स्वास्थ्य।

लेखन।

सीखना।

व्यवसाय।

आत्मविश्वास।

महान उपलब्धियाँ शायद ही कभी किसी एक बड़े प्रयास से प्राप्त होती हैं।

वे समय के साथ दोहराए गए छोटे अनुशासित कार्यों का परिणाम होती हैं।

आदतें बार-बार निर्णय लेने की आवश्यकता को कम कर देती हैं।

एक बार आदत बन जाने के बाद कार्य करना स्वाभाविक हो जाता है।

और **जब कार्य स्वाभाविक हो जाता है, तो प्रगति लगभग निश्चित हो जाती है।**

अनुशासित पहचान का निर्माण

अनुशासन विकसित करने का सबसे प्रभावी तरीका है स्वयं को देखने का तरीका बदलना।

केवल लक्ष्यों पर ध्यान केंद्रित करने के बजाय अपनी पहचान पर ध्यान दें।

स्वयं से पूछें:

"मैं किस प्रकार का व्यक्ति बनना चाहता हूँ?"

शायद आप बनना चाहते हैं:

- एक अनुशासित व्यक्ति
- एक केंद्रित शिक्षार्थी
- एक भरोसेमंद सृजनकर्ता
- एक स्वस्थ और ऊर्जावान व्यक्ति

एक बार जब आप अपनी पहचान स्पष्ट कर लेते हैं, तो आपके दैनिक कार्य उसी दिशा में जाने लगते हैं।

हर छोटा कार्य उस व्यक्ति के पक्ष में एक वोट बन जाता है जिसे आप बनना चाहते हैं।

पंद्रह मिनट लिखना, एक लेखक बनने के पक्ष में एक वोट है।

व्यायाम करना, स्वस्थ व्यक्ति बनने के पक्ष में एक वोट है।

अध्ययन करना, ज्ञानवान व्यक्ति बनने के पक्ष में एक वोट है।

समय के साथ ये वोट आपकी पहचान का निर्माण करते हैं।

और जब अनुशासन आपकी पहचान का हिस्सा बन जाता है, तो उसे बनाए रखना आसान हो जाता है।

तीव्रता नहीं, निरंतरता महत्वपूर्ण है

बहुत से लोग इसलिए असफल हो जाते हैं क्योंकि वे एक साथ सब कुछ बदलने की कोशिश करते हैं।

वे अत्यधिक कठिन योजनाओं से शुरुआत करते हैं।

कुछ दिनों तक बहुत अधिक मेहनत करते हैं।

लेकिन जल्द ही थकान आ जाती है।

दिनचर्या भारी लगने लगती है।

और वे हार मान लेते हैं।

अनुशासन अत्यधिक प्रयास करने का नाम नहीं है।

अनुशासन निरंतर प्रयास का नाम है।

हर दिन किए गए छोटे कार्य, कभी-कभार किए गए बड़े कार्यों से कहीं अधिक प्रभावशाली होते हैं।

प्रतिदिन दस मिनट देना, सप्ताह में एक बार तीन घंटे देने से बेहतर है।

निरंतरता गति (Momentum) **पैदा करती है।**

गति आत्मविश्वास पैदा करती है।

और आत्मविश्वास अनुशासन को मजबूत करता है।

अध्याय 8 **की गतिविधियाँ**

गतिविधि 1: **अपनी अनुशासित पहचान निर्धारित करें**

इस प्रश्न का उत्तर लिखिए:

"मैं किस प्रकार का व्यक्ति बनना चाहता हूँ?"

उदाहरण:

• मैं एक अनुशासित शिक्षार्थी बनना चाहता हूँ।

• मैं एक केंद्रित सृजनकर्ता बनना चाहता हूँ।

• मैं एक अधिक स्वस्थ और मजबूत व्यक्ति बनना चाहता हूँ।

अब स्वयं से पूछिए:

"यह व्यक्ति प्रतिदिन कौन-से कार्य करेगा?"

ऐसे कम से कम तीन कार्य लिखिए जिन्हें आप आज से शुरू कर सकते हैं।

गतिविधि 2: **दैनिक आदत निर्माण**

ऐसी एक आदत चुनिए जो आपके जीवन को बेहतर बनाएगी।

उसे छोटा और व्यावहारिक रखें।

उदाहरण:

• प्रतिदिन 10 पृष्ठ पढ़ना

• 10 मिनट लिखना

• 15 मिनट व्यायाम करना

• प्रतिदिन किसी कौशल का अभ्यास करना

इस आदत को लगातार 30 दिनों तक करने का संकल्प लें।

याद रखें—

तीव्रता से अधिक महत्वपूर्ण है निरंतरता।

गतिविधि 3: **बिना बहाने का नियम**

अगले सात दिनों तक प्रतिदिन एक महत्वपूर्ण कार्य पूरा करने का संकल्प लें, चाहे आपका मन हो या नहीं।

प्रेरणा का इंतज़ार न करें।

कार्य केवल इसलिए पूरा करें क्योंकि वह आपके अनुशासन का हिस्सा है।

सप्ताह के अंत में विचार करें कि इस अभ्यास ने आपकी सोच को कैसे प्रभावित किया।

गतिविधि 4: शाम का अनुशासन चिंतन

हर दिन के अंत में स्वयं से तीन प्रश्न पूछें:

• आज मैंने कौन-सा अनुशासित कार्य किया?

• आज मैं कहाँ अपना ध्यान खो बैठा?

• मैं कल क्या बेहतर करूँगा?

अपने उत्तर एक डायरी में लिखें।

दैनिक चिंतन अनुशासन और जागरूकता दोनों को मजबूत बनाता है।

अध्याय चिंतन

अनुशासन कोई ऐसी चीज़ नहीं है जो केवल असाधारण लोगों के लिए आरक्षित हो।

यह साधारण कार्यों को निरंतर दोहराने से विकसित होता है।

हर छोटा कार्य उस व्यक्ति को आकार देता है जो आप बन रहे हैं।

हर अनुशासित निर्णय आपको आत्म-निपुणता के और करीब ले जाता है।

प्रेरणा आपको शुरुआत करने के लिए प्रेरित कर सकती है।

लेकिन जब प्रेरणा समाप्त हो जाती है, तब अनुशासन आपको आगे बढ़ाता है।

और जब अनुशासन आपकी पहचान का हिस्सा बन जाता है, तो एक अद्भुत परिवर्तन होता है।

प्रगति अब मजबूरी नहीं लगती।

वह स्वाभाविक बन जाती है।

क्योंकि आप आज जो हैं और जो बनना चाहते हैं, उनके बीच का पुल...

अनुशासन के दैनिक कदमों से निर्मित होता है।

अध्याय 9

उस व्यक्ति में बदलना जिसके लिए आप बने हैं

अपने जीवन का अधिकांश हिस्सा आपने परिस्थितियों के प्रभाव में बिताया है।

आपका परिवार।

आपका वातावरण।

आपके अनुभव।

आपकी सफलताएँ और असफलताएँ।

इन सभी प्रभावों ने धीरे-धीरे उस व्यक्ति का निर्माण किया है जो आप आज हैं।

आपकी आदतें बनीं।

आपके विश्वास विकसित हुए।

आपकी पहचान आकार लेने लगी।

लेकिन एक महत्वपूर्ण बात अक्सर भुला दी जाती है।

आज आप जो हैं, वही आपका अंतिम रूप नहीं है।

आपके भीतर केवल वर्तमान व्यक्तित्व ही नहीं, बल्कि अनेक संभावनाएँ भी मौजूद हैं।

एक अधिक मजबूत रूप।

एक अधिक बुद्धिमान रूप।

एक अधिक आत्मविश्वासी रूप।

आप जिस व्यक्ति को आज आईने में देखते हैं, उससे कहीं अधिक महान व्यक्ति बनने की क्षमता आपके भीतर है।

लेकिन वह व्यक्ति संयोग से नहीं बनता।

वह जागरूकता, उद्देश्य और निरंतर विकास के माध्यम से बनता है।

और उस व्यक्ति तक पहुँचने की यात्रा एक शक्तिशाली निर्णय से शुरू होती है।

डिफ़ॉल्ट तरीके से जीवन जीना बंद करने का निर्णय...

और उद्देश्यपूर्ण तरीके से जीवन जीना शुरू करने का निर्णय।

अपने पुराने स्वरूप को छोड़ना

परिवर्तन अक्सर छोड़ने से शुरू होता है।

बहुत से लोग अपनी पुरानी पहचान को मजबूती से पकड़े रहते हैं, जबकि वह अब उनके किसी काम की नहीं होती।

शायद आपने कभी विश्वास किया हो कि आप आत्मविश्वासी नहीं हैं।

शायद आपने विश्वास किया हो कि आप अनुशासित नहीं हैं।

शायद आपने सोचा हो कि सफलता दूसरों के लिए बनी है, आपके लिए नहीं।

उस समय ये विश्वास आपको वास्तविक लगे होंगे।

लेकिन उन्हें आपके भविष्य को परिभाषित करने की आवश्यकता नहीं है।

कल्पना कीजिए कि आप एक भारी बैग अपने कंधों पर उठाए हुए हैं, जो पुराने लेबलों से भरा हुआ है।

"मैं पर्याप्त अच्छा नहीं हूँ।"

"मैं हमेशा असफल होता हूँ।"

"मैं बदल नहीं सकता।"

जब तक आप इस बैग को उठाए रहेंगे, आपकी प्रगति कठिन बनी रहेगी।

विकास के लिए इन लेबलों को छोड़ना आवश्यक है।

अतीत को नज़रअंदाज़ करके नहीं,

बल्कि यह स्वीकार करके कि अतीत यह तय नहीं करता कि आपको भविष्य में कौन बनना है।

आप केवल वही व्यक्ति बनने तक सीमित नहीं हैं जो आप कल थे।

आज आपके पास स्वयं को फिर से परिभाषित करने की शक्ति है।

व्यक्तिगत दृष्टि की शक्ति

हर सार्थक परिवर्तन एक स्पष्ट दृष्टि से शुरू होता है।

उस व्यक्ति की स्पष्ट तस्वीर से, जो आप बनना चाहते हैं।

दृष्टि के बिना जीवन अक्सर दिशाहीन हो जाता है।

लेकिन जब आप अपनी दृष्टि निर्धारित कर लेते हैं, तो आपके कार्यों को उद्देश्य मिल जाता है।

स्वयं से पूछिए:

मैं वास्तव में किस प्रकार का व्यक्ति बनना चाहता हूँ?

दूसरे लोग आपसे क्या अपेक्षा करते हैं, यह नहीं।

समाज क्या सुझाव देता है, यह नहीं।

बल्कि वह क्या है जो आपके सबसे गहरे मूल्यों के अनुरूप है।

शायद आप ऐसा व्यक्ति बनना चाहते हैं जो:

- अनुशासन के साथ जीवन जीता हो
- सार्थक लक्ष्यों का पीछा करता हो
- दूसरों की सहायता और प्रेरणा करता हो
- लगातार सीखता और विकसित होता हो

आपकी दृष्टि एक कम्पास की तरह काम करती है।

यह आपके निर्णयों का मार्गदर्शन करती है।

यह आपको याद दिलाती है कि आपके प्रयास क्यों महत्वपूर्ण हैं।

और जब चुनौतियाँ सामने आती हैं, तो आपकी दृष्टि आपको आगे बढ़ने की शक्ति देती है।

विकास एक आजीवन यात्रा है

अपने सर्वश्रेष्ठ स्वरूप में बदलना कोई एक सफलता का क्षण नहीं है।

यह एक निरंतर चलने वाली प्रक्रिया है।

ऐसे समय आएँगे जब प्रगति धीमी लगेगी।

ऐसे क्षण आएँगे जब संदेह फिर लौट आएगा।

ऐसे दिन आएँगे जब हार मानने का मन करेगा।

लेकिन विकास को पूर्णता से नहीं मापा जाता।

उसे निरंतरता और दृढ़ता से मापा जाता है।

हर छोटा सुधार महत्वपूर्ण है।

हर सीखा गया सबक महत्वपूर्ण है।

हर आगे बढ़ाया गया कदम महत्वपूर्ण है।

समय के साथ यही छोटे सुधार असाधारण परिवर्तन का निर्माण करते हैं।

वर्षों के निरंतर विकास के बाद आप जो व्यक्ति बनेंगे, वह शायद उस व्यक्ति से बिल्कुल अलग होगा जो आप कभी थे।

और यह परिवर्तन आपके दैनिक निर्णयों से शुरू होता है।

उद्देश्यपूर्ण जीवन जीना

जब आप विकास को चुनते हैं, तो आप उद्देश्यपूर्ण जीवन जीना शुरू कर देते हैं।

अब आप भय या आदतों को अपनी दिशा नियंत्रित नहीं करने देते।

इसके बजाय, आप अपने कार्यों की जिम्मेदारी लेते हैं।

आप स्वयं से शक्तिशाली प्रश्न पूछना शुरू करते हैं:

"कौन-सा निर्णय मुझे मेरे सर्वश्रेष्ठ स्वरूप के करीब ले जाएगा?"

"कौन-सी आदत मेरे विकास में सहायता करेगी?"

"कौन-सा कार्य उस व्यक्ति को दर्शाता है जो मैं बनना चाहता हूँ?"

उद्देश्यपूर्ण जीवन जीने का अर्थ यह नहीं कि जीवन आसान हो जाएगा।

लेकिन इसका अर्थ यह है कि जीवन अधिक अर्थपूर्ण हो जाएगा।

और अर्थ कठिन समय में भी शक्ति प्रदान करता है।

अध्याय 9 की गतिविधियाँ

गतिविधि 1: भविष्य के स्वयं की कल्पना

कल्पना कीजिए कि आज से पाँच वर्ष बाद आप अपना आदर्श जीवन जी रहे हैं।

स्वयं से पूछिए:

• मैं किस प्रकार का व्यक्ति बन चुका हूँ?

• कौन-सी आदतें मेरे दैनिक जीवन को परिभाषित करती हैं?

• कौन-सी उपलब्धियाँ मुझे गर्व महसूस कराती हैं?

इस दृष्टि को विस्तार से लिखिए।

जितनी स्पष्ट आपकी कल्पना होगी, उतना ही आसान उसके प्रति आगे बढ़ना होगा।

गतिविधि 2: पहचान और कार्यों का सामंजस्य

उस व्यक्ति के तीन गुण लिखिए जो आप बनना चाहते हैं।

उदाहरण:

• अनुशासित

• आत्मविश्वासी

• केंद्रित

अब स्वयं से पूछिए:

"यह व्यक्ति प्रतिदिन कौन-से कार्य करेगा?"

प्रत्येक गुण के लिए एक ऐसा कार्य लिखिए जिसे आप आज से शुरू कर सकते हैं।

गतिविधि 3: छोड़ने का अभ्यास

अपने बारे में ऐसे तीन सीमित करने वाले लेबल लिखिए जिन्हें आप लंबे समय से ढो रहे हैं।

उदाहरण:

- "मैं आत्मविश्वासी नहीं हूँ।"
- "मैं हमेशा टालमटोल करता हूँ।"
- "मैं सक्षम नहीं हूँ।"

अब प्रत्येक कथन को विकास-उन्मुख पहचान में बदलें।

उदाहरण:

"मैं आत्मविश्वास के साथ कार्य करना सीख रहा हूँ।"

इन नए कथनों को नियमित रूप से दोहराइए।

गतिविधि 4: दैनिक प्रगति डायरी

हर दिन के अंत में इन प्रश्नों के उत्तर दीजिए:

- आज मैंने ऐसा कौन-सा कार्य किया जिसने मुझे मेरे सर्वश्रेष्ठ स्वरूप के करीब पहुँचाया?
- आज मैंने कौन-सा सबक सीखा?
- मैं कल क्या बेहतर करूँगा?

छोटे-छोटे चिंतन गहरी जागरूकता पैदा करते हैं।

अध्याय चिंतन

उस व्यक्ति में बदलना जिसके लिए आप बने हैं, पूर्णता प्राप्त करने के बारे में नहीं है।

यह प्रगति के बारे में है।

यह आराम की तुलना में विकास को चुनने के बारे में है।

यह इस विश्वास के बारे में है कि आज आप जो हैं, वह केवल उस व्यक्ति की शुरुआत है जो आप बन सकते हैं।

आत्म-जागरूकता, अनुशासन, साहस और विकास की दिशा में उठाया गया हर कदम आपकी एक नई पहचान का निर्माण करता है।

धीरे-धीरे आपका पुराना स्वरूप धुंधला पड़ने लगता है।

और एक अधिक मजबूत स्वरूप उभरकर सामने आता है।

इसलिए नहीं कि जीवन अचानक आसान हो गया।

बल्कि इसलिए कि आपने उन सीमाओं से ऊपर उठने का निर्णय लिया जिन्होंने कभी आपको रोक रखा था।

और जब आप धैर्य और उद्देश्य के साथ इस यात्रा को जारी रखते हैं...

तो आप एक असाधारण सत्य को समझने लगते हैं।

जिस व्यक्ति बनने का आपने कभी सपना देखा था...

वह धीरे-धीरे वही व्यक्ति बन रहा है जो आप वास्तव में हैं।

अध्याय 10

अपने पर्वत को अपनी शक्ति में बदलना

हर व्यक्ति अपने जीवन में पर्वतों का सामना करता है।

कुछ पर्वत भय के रूप में दिखाई देते हैं।

कुछ असफलता के रूप में।

कुछ संदेह, संघर्ष या अनिश्चितता के रूप में सामने आते हैं।

शुरुआत में ये पर्वत हमारे रास्ते में खड़ी बाधाओं जैसे लगते हैं।

वे हमारी गति धीमी कर देते हैं।

वे हमारे धैर्य की परीक्षा लेते हैं।

वे यात्रा को कठिन बना देते हैं।

बहुत से लोग अपना जीवन यह कामना करते हुए बिताते हैं कि ये पर्वत उनके जीवन में न होते।

वे आशा करते हैं कि जीवन आसान हो जाएगा।

वे चाहते हैं कि चुनौतियाँ समाप्त हो जाएँ।

लेकिन सच्चाई इससे कहीं अधिक शक्तिशाली है।

आपके जीवन के पर्वत आपको रोकने के लिए नहीं बने हैं।

वे आपको गढ़ने के लिए बने हैं।

आपके सामने आने वाली हर चुनौती आपके भीतर नई शक्ति विकसित करने की क्षमता रखती है।

हर बाधा अपने भीतर एक सीख छिपाए होती है।

हर संघर्ष परिवर्तन की संभावना लेकर आता है।

प्रश्न यह नहीं है कि आपके जीवन में पर्वत आएँगे या नहीं।

वास्तविक प्रश्न यह है कि जब वे आएँगे, तब आप कैसी प्रतिक्रिया देंगे।

दृष्टिकोण की शक्ति

दो व्यक्ति एक ही कठिनाई का सामना कर सकते हैं और फिर भी उनके परिणाम पूरी तरह अलग हो सकते हैं।

एक व्यक्ति उस चुनौती को इस बात का प्रमाण मान सकता है कि जीवन उसके साथ अन्याय कर रहा है।

वह स्वयं को पराजित महसूस करता है।

वह हार मान लेता है।

दूसरा व्यक्ति उसी चुनौती को एक अवसर के रूप में देख सकता है।

वह स्वयं से पूछता है—

"मैं इससे क्या सीख सकता हूँ?"

"यह अनुभव मुझे और मजबूत कैसे बना सकता है?"

इन दोनों व्यक्तियों के बीच अंतर प्रतिभा या बुद्धिमत्ता का नहीं है।

अंतर केवल दृष्टिकोण का है।

और दृष्टिकोण सब कुछ बदल देता है।

जब आप चुनौतियों को विकास के अवसर के रूप में देखना शुरू करते हैं, तो कठिनाइयों का अर्थ बदल जाता है।

असफलता सीख बन जाती है।

भय विकास का संकेत बन जाता है।

बाधाएँ सीढ़ियों में बदल जाती हैं।

जो पर्वत कभी असंभव लगता था, वह आगे बढ़ने का मार्ग दिखाने लगता है।

संघर्ष से शक्ति का निर्माण होता है

उन सबसे मजबूत लोगों के बारे में सोचिए जिन्हें आप जानते हैं।

वे लोग जो दूसरों को प्रेरित करते हैं।

वे लोग जो कठिन परिस्थितियों में भी शांत बने रहते हैं।

वे लोग जो मुश्किल समय में भी आगे बढ़ते रहते हैं।

ये लोग शक्ति लेकर पैदा नहीं हुए थे।

उनकी शक्ति बनाई गई थी।

चुनौतियों के माध्यम से।

असफलताओं के माध्यम से।

उन क्षणों के माध्यम से जब हार मान लेना अधिक आसान था।

संघर्ष चरित्र का निर्माण करता है।

हर बार जब आप कठिनाई का सामना करते हैं और फिर भी आगे बढ़ते हैं, तो आपके भीतर कुछ और मजबूत हो जाता है।

दृढ़ता।

धैर्य।

बुद्धिमत्ता।

आत्मविश्वास।

समय के साथ जिन संघर्षों से आप कभी डरते थे, वही आपके सबसे बड़े बल की पहचान बन जाते हैं।

दर्द को उद्देश्य में बदलना

दुनिया के सबसे प्रेरणादायक लोगों में से कई ने अपने संघर्षों को अर्थपूर्ण बना दिया।

उन्होंने अपने दर्द को प्रेरणा में बदला।

उन्होंने असफलताओं को सीख में बदला।

उन्होंने बाधाओं को दूसरों की सहायता करने के अवसरों में बदला।

आपकी चुनौतियाँ भी यही कर सकती हैं।

आज जिन कठिनाइयों का आप सामना कर रहे हैं, वे एक दिन वह ज्ञान बन सकती हैं जिसे आप किसी और के साथ साझा करेंगे।

आज जो सबक आप सीख रहे हैं, वे कल किसी ऐसे व्यक्ति का मार्गदर्शन कर सकते हैं जो उसी रास्ते पर चल रहा होगा।

आपका पर्वत केवल एक चुनौती नहीं है।

यह शक्ति, समझ और उद्देश्य का स्रोत भी बन सकता है।

यह यात्रा वास्तव में कभी समाप्त नहीं होती

व्यक्तिगत विकास कोई अंतिम मंज़िल नहीं है।

यह एक आजीवन यात्रा है।

जब आप एक पर्वत पर विजय प्राप्त कर लेते हैं, तो दूसरा पर्वत सामने आ सकता है।

लेकिन इस यात्रा में एक महत्वपूर्ण परिवर्तन होता है।

आप अधिक मजबूत बन जाते हैं।

आप अधिक बुद्धिमान बन जाते हैं।

आप स्वयं पर भरोसा करना सीख जाते हैं।

जो पर्वत कभी आपको असहनीय लगते थे, वे अब ऐसी चुनौतियाँ बन जाते हैं जिनका सामना करने की आपकी क्षमता पर आपको विश्वास होता है।

क्योंकि आप पहले भी चढ़ चुके होते हैं।

हर चढ़ाई आपको अगली चढ़ाई के लिए तैयार करती है।

और हर कदम के साथ आप उस जीवन को बनाने में अधिक सक्षम होते जाते हैं जिसकी आप कल्पना करते हैं।

अध्याय 10 की गतिविधियाँ

गतिविधि 1: अपने पर्वत पर चिंतन करें

कुछ समय निकालिए और अपने जीवन की सबसे बड़ी चुनौती के बारे में सोचिए।

स्वयं से पूछिए:

• इस अनुभव ने मुझे क्या सिखाया?

• इसने स्वयं को देखने का मेरा तरीका कैसे बदला?

• इसके कारण मैंने कौन-सी शक्ति विकसित की?

अपने उत्तर ईमानदारी से लिखिए।

अक्सर जीवन के सबसे कठिन क्षण ही सबसे मूल्यवान सबक सिखाते हैं।

गतिविधि 2: अपनी वर्तमान चुनौती को नया दृष्टिकोण दें

उस चुनौती के बारे में सोचिए जिसका आप अभी सामना कर रहे हैं।

यह पूछने के बजाय—

"यह मेरे साथ ही क्यों हो रहा है?"

पूछिए—

"यह अनुभव मुझे क्या सिखा सकता है?"

"यह चुनौती मुझे और मजबूत कैसे बना सकती है?"

कम-से-कम तीन सीख लिखिए जो यह परिस्थिति आपको दे सकती है।

गतिविधि 3: अपनी शक्तियों की सूची

उन व्यक्तिगत शक्तियों की सूची बनाइए जिन्हें आपने वर्षों में विकसित किया है।

उदाहरण:

- दृढ़ता
- धैर्य
- संकल्प
- साहस

अपनी शक्तियों को पहचानना आपको भविष्य की चुनौतियों का सामना अधिक आत्मविश्वास के साथ करने में मदद करेगा।

गतिविधि 4: अगले पर्वत की योजना

ऐसा एक लक्ष्य लिखिए जो चुनौतीपूर्ण होने के साथ-साथ आपके लिए अर्थपूर्ण भी हो।

उसे छोटे-छोटे चरणों में बाँट दीजिए।

चरण 1: इस सप्ताह मैं कौन-सा कदम उठा सकता हूँ?

चरण 2: इस महीने मैं कौन-सा कदम उठा सकता हूँ?

चरण 3: एक वर्ष के भीतर मैं कैसी प्रगति देखना चाहता हूँ?

हर पर्वत को छोटे चरणों में बाँटने पर वह अधिक प्रबंधनीय हो जाता है।

अंतिम चिंतन

जिस पर्वत से आप कभी डरते थे, वह शायद पूरी तरह गायब न हो।

लेकिन उसके साथ आपका संबंध बदल सकता है।

जो कभी असंभव लगता था, वह एक ऐसी चुनौती बन सकता है जिसका सामना करने के लिए आप तैयार हैं।

जो कभी बोझ लगता था, वह शक्ति का स्रोत बन सकता है।

अब आप वह सत्य समझ चुके हैं जिसे बहुत से लोग कभी नहीं समझ पाते।

आपके भय आपको परिभाषित नहीं करते।

आपका अतीत आपको सीमित नहीं करता।

आपके संघर्ष आपको कमजोर नहीं बनाते।

वे आपको आकार देते हैं।

वे आपको तैयार करते हैं।

वे उस शक्ति को प्रकट करते हैं जो हमेशा से आपके भीतर मौजूद थी।

विकास की दिशा में उठाया गया आपका हर कदम एक शक्तिशाली सत्य सिद्ध करता है।

आप बदल सकते हैं।

आपमें दृढ़ता है।

आप उससे कहीं अधिक बनने की क्षमता रखते हैं जितना आपने कभी सोचा था।

पर्वत कभी आपको रोकने के लिए नहीं बनाया गया था।

वह आपको यह दिखाने के लिए बनाया गया था कि आप वास्तव में कितने मजबूत हैं।

और अब जबकि आप यह सत्य जान चुके हैं...

आगे का मार्ग आपका है।

चढ़ना आपका है।

और शिखर भी आपका ही है।

निष्कर्ष

यात्रा अभी जारी है

अब तक आप एक महत्वपूर्ण यात्रा से गुज़र चुके हैं।

यह यात्रा किसी शहर या देश की नहीं थी।

यह आपके अपने मन के विशाल परिदृश्य की यात्रा थी।

आपने अपने भीतर के पर्वतों को खोजा है।

आपने भय, आत्म-संदेह और उन पैटर्नों को समझने का प्रयास किया है जो चुपचाप आपके जीवन को आकार देते हैं।

आपने सीखा है कि मन कैसे कार्य करता है, आदतें कैसे बनती हैं और अनुशासन किस प्रकार आंतरिक शक्ति का निर्माण करता है।

आपने यह भी खोजा है कि जिन बाधाओं को आप कभी स्थायी मानते थे, वे वास्तव में केवल ऐसे पैटर्न थे जो परिवर्तन की प्रतीक्षा कर रहे थे।

यह यात्रा शायद एक सरल विचार से शुरू हुई थी।

यह विचार कि आपके जीवन का सबसे बड़ा पर्वत शायद बाहरी दुनिया में नहीं है।

वह आपके भीतर है।

लेकिन जैसे-जैसे आप आगे बढ़ते गए, एक और सत्य सामने आने लगा।

आपके भीतर का पर्वत केवल एक बाधा नहीं है।

वह एक अवसर भी है।

विकास का अवसर।

स्वयं को गहराई से समझने का अवसर।

कल की तुलना में अधिक मजबूत बनने का अवसर।

इस पुस्तक के दौरान आपने देखा कि **भय किस प्रकार निर्णयों को प्रभावित कर सकता है, आराम किस प्रकार लोगों को पीछे रोक सकता है, और आदतें किस प्रकार चुपचाप हमारे दैनिक जीवन को नियंत्रित कर सकती हैं।**

लेकिन आपने इससे भी अधिक शक्तिशाली बात सीखी है।

आपने सीखा है कि ये शक्तियाँ स्थायी नहीं हैं।

उन्हें समझा जा सकता है।

उन्हें चुनौती दी जा सकती है।

और उन्हें बदला जा सकता है।

परिवर्तन रातोंरात नहीं होता।

वह जागरूकता से शुरू होता है।

वह छोटे-छोटे निर्णयों से बनता है जिन्हें हम हर दिन दोहराते हैं।

वह तब होता है जब आप आराम के बजाय विकास को चुनते हैं।

जब आप भय के बजाय साहस को चुनते हैं।

जब आप टालने के बजाय अनुशासन को चुनते हैं।

आपका हर छोटा निर्णय उस व्यक्ति को आकार देता है जो आप बन रहे हैं।

और समय के साथ वही छोटे निर्णय असाधारण परिवर्तन का निर्माण करते हैं।

ऐसे क्षण फिर भी आएँगे जब संदेह वापस लौटेगा।

ऐसे दिन भी आएँगे जब प्रगति बहुत धीमी महसूस होगी।

ऐसी चुनौतियाँ भी सामने आएँगी जो आपके धैर्य और शक्ति की परीक्षा लेंगी।

लेकिन अब आप एक महत्वपूर्ण सत्य जानते हैं।

चुनौतियाँ यात्रा का अंत नहीं हैं।

वे यात्रा का हिस्सा हैं।

हर बाधा अपने साथ एक सीख लेकर आती है।

हर संघर्ष दृढ़ता का निर्माण करता है।

हर आगे बढ़ाया गया कदम नई संभावनाओं को उजागर करता है।

इस पुस्तक का उद्देश्य कभी भी आपको आसान जीवन का वादा करना नहीं था।

जीवन में हमेशा अनिश्चितता रहेगी।

जीवन में हमेशा चुनौतियाँ रहेंगी।

लेकिन जो बदल सकता है, वह है उन चुनौतियों का सामना करने का आपका तरीका।

पर्वतों को बाधाओं की तरह देखने के बजाय, आप उन्हें ऊँचा उठने के अवसरों के रूप में देख सकते हैं।

भय को अपनी दिशा नियंत्रित करने देने के बजाय, आप साहस को अपना मार्गदर्शक बना सकते हैं।

पुराने पैटर्न दोहराने के बजाय, आप नए पैटर्न बना सकते हैं।

यही आत्म-निपुणता (Self-Mastery) का सार है।

आत्म-निपुणता का अर्थ जीवन की हर चीज़ को नियंत्रित करना नहीं है।

इसका अर्थ है अपने विचारों, आदतों और निर्णयों को जागरूकता और उद्देश्य के साथ दिशा देना।

इसका अर्थ है अपनी कहानी का लेखक स्वयं बनना।

हर दिन एक नया पृष्ठ लेकर आता है।

हर निर्णय एक नया वाक्य लिखता है।

और हर कार्य उस भविष्य को आकार देता है जिसे आप बना रहे हैं।

आज से पाँच वर्ष बाद आप जो व्यक्ति होंगे, उसका निर्माण उन निर्णयों से होगा जो आप आज से लेना शुरू करते हैं।

इसलिए स्वयं से एक सरल प्रश्न पूछिए—

आप कैसी कहानी लिखना चाहते हैं?

क्या आप झिझक और पछतावे की कहानी लिखना चाहते हैं?

या साहस, विकास और संभावनाओं की कहानी?

उत्तर आपके अगले कदम से शुरू होता है।

पर्वत अभी भी वहीं है।

लेकिन अब आप उसे अलग दृष्टि से देखते हैं।

वह अब आपके रास्ते में खड़ी कोई बाधा नहीं है।

वह आपको ऊँचा उठने के लिए आमंत्रित कर रहा है।

और जैसे-जैसे आप चढ़ाई जारी रखेंगे, आप शायद एक असाधारण सत्य खोज लेंगे।

जिस शक्ति को आप बाहर खोज रहे थे...

वह पूरे समय आपके भीतर ही थी।

आपकी यात्रा अभी शुरू ही हुई है।

अंतिम संदेश

याद रखिए—

आप टूटे हुए नहीं हैं।

आप अक्षम नहीं हैं।

आप अपनी वर्तमान परिस्थितियों तक सीमित नहीं हैं।

आपके भीतर बदलने की क्षमता है।

आपके भीतर बढ़ने की क्षमता है।

आपके भीतर वह शक्ति है जो किसी भी पर्वत से बड़ी है।

जब भी जीवन कठिन लगे, इस सत्य को याद कीजिए:

पर्वत आपको रोकने के लिए नहीं बना था।

वह आपको आपकी वास्तविक शक्ति दिखाने के लिए बना था।

चढ़ते रहिए।

सीखते रहिए।

विकसित होते रहिए।

क्योंकि आपके भीतर का पर्वत...

आपकी सबसे बड़ी सीमा नहीं,

बल्कि आपकी सबसे बड़ी संभावना है।

— अशरफ़ अली

लेखक के बारे में

अशरफ़ अली एक मानसिकता (Mindset) पर केंद्रित लेखक हैं, जो लोगों को उनकी आंतरिक सीमाओं से ऊपर उठने और उनकी वास्तविक क्षमता को पहचानने में सहायता करने के प्रति समर्पित हैं। उनका कार्य एक सरल लेकिन शक्तिशाली विश्वास पर आधारित है—जीवन की सबसे बड़ी बाधाएँ अक्सर हमारे बाहर नहीं, बल्कि हमारे भीतर होती हैं।

विचारोत्तेजक अंतर्दृष्टियों, आत्म-चिंतन को प्रेरित करने वाले प्रश्नों और व्यावहारिक अभ्यासों के माध्यम से वे पाठकों को अपने भय को समझने, विनाशकारी पैटर्नों को तोड़ने और सार्थक परिवर्तन लाने के लिए आवश्यक अनुशासन विकसित करने के लिए प्रेरित करते हैं। उनका लेखन स्पष्टता, आत्म-जागरूकता और आराम की सीमाओं से बाहर निकलकर विकास की ओर बढ़ने के लिए आवश्यक साहस पर केंद्रित है।

"आपके भीतर का पर्वत (The Mountain Within You)" में अशरफ़ अली यह खोजते हैं कि आत्म-विनाशकारी व्यवहार, भय और सीमित करने वाले विश्वास किस प्रकार चुपचाप हमारे जीवन को प्रभावित करते हैं—और कैसे कोई भी व्यक्ति उन आंतरिक संघर्षों को अपनी शक्ति में बदल सकता है। उनका मानना है कि व्यक्तिगत परिवर्तन अचानक होने वाली किसी बड़ी सफलता का परिणाम नहीं होता, बल्कि छोटे-छोटे उद्देश्यपूर्ण कार्यों का परिणाम होता है जिन्हें प्रतिदिन निरंतर दोहराया जाता है।

उनका उद्देश्य व्यक्तिगत विकास को हर व्यक्ति के लिए सुलभ और व्यावहारिक बनाना है, चाहे उसकी पृष्ठभूमि या परिस्थितियाँ कैसी भी हों।

त्वरित समाधान या क्षणिक प्रेरणा देने के बजाय, उनका कार्य धैर्य, जिम्मेदारी और निरंतर प्रयास की शक्ति पर बल देता है।

अशरफ़ का विश्वास है कि आत्म-निपुणता (Self-Mastery) की यात्रा एक सरल समझ से शुरू होती है—आपके मार्ग में खड़ा पर्वत वास्तव में वही रास्ता हो सकता है जो आपको आपकी सबसे बड़ी शक्ति तक पहुँचाता है।

आपकी यात्रा अब शुरू होती है

आपके भीतर का पर्वत कभी आपको रोकने के लिए नहीं था।

वह आपको आपकी शक्ति दिखाने के लिए था।

विकसित होते रहिए।

सीखते रहिए।

चढ़ते रहिए।

— अशरफ़ अली